Herbert Alsheimer · Der Vatikan in Kronberg

Herbert Alsheimer

Der Vatikan in Kronberg

Ein Unikat in der deutschen Nachkriegsgeschichte

Mit einem Geleitwort von
Nuntius Giovanni Lajolo

Verlag Waldemar Kramer

Bibliografische Information Der Deutschen Bibliothek
Die Deutsche Bibliothek verzeichnet diese Publikation in der Deutschen Nationalbibliografie; detaillierte bibliografische Daten sind im Internet über http://dnb.ddb.de abrufbar.

© 2003 Verlag Waldemar Kramer GmbH, Frankfurt am Main
ISBN 3 7829 0539 3
www.frankfurtbuecher.de
Umschlagentwurf: Peter H. Schäfer, Frankfurt am Main
Bildnachweis Vorderseite: Villa Grosch (Eberhard Grosch)
Bildnachweis Rückseite: General Lucius D. Clay, (Institut für Stadtgeschichte, Frankfurt am Main)
Druck: Betz-Druck GmbH, Darmstadt
Buchbinderische Verarbeitung: Schaumann GmbH, Darmstadt

Inhalt

- 7 Geleitwort des Apostolischen Nuntius in Deutschland
- 9 Vorwort
- 19 General Eisenhower überläßt dem Papst eine Villa
- 24 Der Chef muß Amerikaner sein
- 29 Die rechtlichen Fundamente der Kronberger Mission
- 33 Von der Mission zur Nuntiatur – Spuren westdeutscher Verfassungsgeschichte
- 41 Das Personal der Villa Grosch
- 44 Alois Kardinal Muench
- 58 Pater Ivo Zeiger SJ
- 74 Aus der Arbeit der Kronberger Mission
- 74 Die Not bestimmt das Programm
- 76 Für eine gerechte Behandlung der Deutschen
- 80 Gegen die Demontage industrieller Anlagen
- 84 Kriegsgefangenensuchdienst
- 88 Die Mission der Nächstenliebe
- 92 Die Sorge um die Heimatvertriebenen
- 98 Displaced Persons: Seelsorge und Auswanderung
- 102 Von Eichstätt über Kronberg nach Rom
- 107 Hier werden die Fundamente verschoben – Pater Zeigers große Rede auf dem Katholikentag 1948
- 114 Anhang
- 114 Fastenhirtenbrief 1946: Eine Welt in der Liebe
- 119 Fastenhirtenbrief 1947: Die Gegenwart fordert uns

125 Zeittafel
130 Glossar
135 Ausgewählte Literatur
140 Zitierweisen
141 Personenregister
143 Dank an die Helfer
143 Abbildungsnachweis
144 Über den Autor

Geleitwort des Apostolischen Nuntius in Deutschland

Apostolische Nuntiatur in Deutschland

„*Wenn ich nach den Namen der vier Männer gefragt würde, die in den letzten 15 Jahren das Meiste getan haben, um eine dauerhafte Brücke der Verständigung zwischen dem amerikanischen und dem deutschen Volke zu bauen, würde ich sie in der folgenden Rangfolge benennen: Bischof Muench, General Clay, Konrad Adenauer und John McCIoy*".

Diese Worte des Sonderberaters von General Lucius D. Clay, Mr. John Antony Panuch, lassen etwas ahnen von dem Geist, der Erzbischof Muench während seiner Tätigkeit in Deutschland von 1946-1959 beseelt hat. Er hat keine Mühe gescheut, um dort helfen zu können, wo Hilfe nötig war. Die Lage Deutschlands nach dem Krieg wird sehr anschaulich dargelegt von der Antwort, die 1946 der Vertreter Frankreichs dem sowjetischen Vertreter gab, als dieser spöttisch fragte, bei wem der Nuntius – Erzbischof Orsenigo hatte seinen Sitz nach Eichstätt verlegt – akkreditiert sei, nachdem Deutschland als Staat nicht mehr existiere: „*Er ist akkreditiert bei seiner Majestät, dem menschlichen Elend.*"

Trotz einer solchen Lage ließ sich Muench von keinem politischen oder wirtschaftlichen Hindernis entmutigen. Als Bischof und als Amerikaner deutscher Herkunft wusste er, wie wichtig es war, seinem eigenen Volk ein objektives Verständnis der deutschen Lage zu vermitteln. Außerordentlich bemerkenswert sind bestimmt die zwei Hirtenbriefe, die er 1946 und 1947 von Deutschland aus an die Diözese Fargo richtete, deren Bischof er bis zur Erhebung zum Kardinal blieb.

An der Seite des Nuntius Muench steht während der schwierigsten Phase seiner Mission in Deutschland der Jesuit Ivo Zeiger, ein Deutscher aus Mömbris in Unterfranken. Als ehemaliger Professor an der Päpstlichen Universität Gregoriana und Rektor des Päpstlichen Kollegs *Germanicum et Hungaricum* war er wegen seines sicheren Urteils in Lehre und Praxis bestens geeignet, Bischof Muench mit Rat und Tat beizustehen. Auch er identifizierte sich ganz mit seiner Mission und deren hohen Anforderungen.

Die außerordentlichen Anstrengungen aber, die er auf sich nahm, haben seine Gesundheit so beeinträchtigt, dass er Bischof Muench auf seine neue Stelle in Bonn nicht mehr begleiten konnte. Hinter beiden Gestalten, Nuntius Muench und Pater Zeiger, leuchtet die große Gestalt Papst Pius XII., der bei seiner bekannten Zuneigung zum deutschen Volk entschlossen war, alles in seiner Macht Stehende zu tun, um in der großen Not Hilfe zu leisten und Deutschland wieder aufstehen und den ihm gebührenden Platz unter den Völkern einnehmen zu lassen. Die Sendung von Bischof Muench nach Deutschland betrachte ich als eines der Meisterstücke seiner hoch gelobten diplomatischen Fähigkeit: Niemand konnte besser Herr der Lage werden als ein Amerikaner deutscher Herkunft, als ein amerikanischer Diözesanbischof, dem zugleich die Funktion eines Beraters der US-Militärregierung in Fragen der Katholischen Kirche in Deutschland anvertraut wurde, und der als solcher freien Zugang zu den Stellen hatte, die die Entscheidungen in ihren Händen hielten. Diese außerordentliche Stellung von Muench und seine einmaligen Verdienste wusste auch Bundeskanzler Adenauer besonders zu schätzen, der enge Beziehungen zu Muench pflegte.

Die vorliegende Arbeit von Professor Alsheimer begrüße ich aufrichtig. Sie erinnert an die Tätigkeit zweier hochverdienter Männer der Kirche, die im Auftrag Pius XII. alles unternommen haben, um nach der Katastrophe des Krieges Deutschland in Anknüpfung an seine besten Traditionen materiell und moralisch wieder aufzurichten.

Ich wünsche der Arbeit von Professor Alsheimer die Aufmerksamkeit, die sie verdient.

Giovanni Lajolo
Apostolischer Nuntius

Vorwort

Pius XII. war ein Freund unseres Volkes. „Il tedesco", den Deutschen, nannten ihn viele. In den ersten Nachkriegsjahren war der kritische Unterton, der mit der Verwendung dieses Prädikats gelegentlich verbunden war, nicht zu überhören.

Vor aller Welt nämlich hatte sich dieser Papst gegen die These von der Kollektivschuld der besiegten Deutschen gewandt. Entgegen dem internationalen Trend vertrat er die Auffassung, daß Deutschland mit der bedingungslosen Kapitulation seiner Wehrmacht nicht als Völkerrechtssubjekt untergegangen ist. Und er setzte dafür ein Zeichen: Seine von Berlin nach Eichstätt ausgewichene Nuntiatur ließ er fortbestehen. Die Vertretung des Vatikans blieb die einzige Vertretung eines ausländischen Staates auf deutschem Boden, die Niederlage und Besatzungszeit ohne Unterbrechung überdauerte.

Spirituell und materiell half der Papst den Deutschen durch die Apostolische Mission in Kronberg, zu deren Leiter er 1946 den amerikanischen Bischof Alois Muench berief und zu deren Erfolg er auch durch die Entsendung eines seiner engsten Berater, des unterfränkischen Jesuiten Ivo Zeiger, beitrug.

Das Buch schildert die Geschichte dieser Mission, die – nach den Worten Konrad Adenauers – Teil der Geschichte der Bundesrepublik Deutschland ist. Es will sie vor dem Vergessenwerden bewahren.

Noch lebende Zeitzeugen haben mich zu meiner Arbeit ermuntert. Allen voran: Diakon Hubert Käfer. Seine verstorbene Mutter Katharina Käfer hatte in der päpstlichen Vertretung gearbeitet. Er selbst war dort Meßdiener, und er hat mir von der Atmosphäre des Hauses berichtet.

Ich danke allen Frauen und Männern, die mich bei der Anfertigung dieser Arbeit unterstützt haben. Der Stadt Kronberg i. Ts., der Taunus-Sparkasse und der Frankfurter Volksbank eG bin ich für die Unterstützung der Drucklegung verbunden. Dem Apostolischen Nuntius in Deutschland, Seiner Excellenz Herrn Erzbischof Dr. Giovanni Lajolo, danke ich für die Ehre seines Geleitwortes.

Ich widme dieses Buch dem Andenken aller Männer und Frauen – Priester, Ordensschwestern und Laien –, die in der päpstlichen Mission zu Kronberg für Deutschland gearbeitet haben.

Es war General Dwight D. Eisenhower, der spätere Präsident der Vereinigten Staaten von Amerika, der als Oberkommandierender der amerikanischen Truppen in Deutschland die Errichtung einer päpstlichen Vertretung in seiner Besatzungszone genehmigt hatte. Über die Jahre hinweg haben zahlreiche US-Soldaten ihren Bischof Muench und seine Arbeit spontan und unbürokratisch unterstützt. Millionen amerikanischer Katholiken – auch und gerade aus den Arbeiterdiözesen des Mittleren Westens – ermöglichten Muenchs großartige „Mission der Nächstenliebe" durch Sach- und Geldspenden. Sie haben damit den notleidenden Menschen in unserem Land nicht nur materiell geholfen. Ihre – die Härte der regierungsamtlichen Besatzungsdirektiven unterlaufende – Solidarität hat nicht unwesentlich dazu beigetragen, uns Deutsche moralisch wiederaufzurichten. Wir dürfen dies nicht vergessen.

Täglich erreichten viele Bittbriefe die päpstliche Vertretung in der Taunusstadt Einer davon trug die ungewöhnliche Anschrift: „Fräulein Ivo – Vatikan Kronberg". Der Brief erreichte seinen Adressaten, den Jesuitenpater Ivo Zeiger. Und so fand, mehr als fünfzig Jahre später, dieses Buch seinen Titel.

Kronberg im Taunus-Oberhöchstadt, im März 2003

Herbert Alsheimer

Die Nuntiatur im Altmühltal

„Die höchste gesetzgebende, richterliche und vollziehende Befugnis und Gewalt in dem besetzten Gebiet ist in meiner Person als oberster Befehlshaber der alliierten Streitkräfte und als Militärgouverneur vereinigt. Die Militärregierung ist eingesetzt, um diese Gewalten unter meinem Befehl auszuüben."

Unmittelbar nach dem Einrücken seiner Truppen ließ der Oberkommandierende der alliierten Expeditionsstreitkräfte, General Dwight D. Eisenhower, diese Anordnung in den jeweils eroberten deutschen Städten und Gemeinden durch öffentlichen Anschlag verkünden.[1] In den von Streitkräften anderer Siegermächte besetzten deutschen Territorien erließen die jeweiligen Oberkommandierenden Proklamationen gleichen Inhalts.

Am 8. Mai 1945 kapitulierte die Deutsche Wehrmacht bedingungslos.

Die Regierungschefs der drei Siegermächte, Attlee, Stalin und Truman, vereinbarten am 2. August 1945 im Potsdamer Protokoll, daß die oberste Regierungsgewalt (supreme power) in den jeweiligen Besatzungszonen durch die zuständigen Militärbefehlshaber und für die „Deutschland als Ganzes" betreffenden Fragen durch den Alliierten Kontrollrat ausgeübt werden.[2]

War angesichts der vollständigen Entmachtung seiner staatlichen und kommunalen Organe das Deutsche Reich als Rechtsperson untergegangen? Diese völkerrechtliche Frage war gewichtig, die Antwort offenkundig folgenschwer.[3] Aber wen interessierte sie im Sommer 1945?

Den politisch Verantwortlichen der alliierten Sieger stand sie selbstverständlich vor Augen, ohne daß sie zu einer einheitlichen Antwort hätten gelangen können. Zu unausgegoren und unterschiedlich waren die langfristigen Ziele, die sie mit der Besetzung Deutschlands verfolgten.

---

[1] Ruhl, Klaus Jörg, Die Besatzer und die Deutschen, Düsseldorf 1980, S. 18.
[2] o. V. Potsdamer Abkommen und andere Dokumente, Berlin 1950, S. 15ff., Abschnitt III A, 1.
[3] Vgl. dazu auch die einstimmig ergangene Entscheidung des Bundesverfassungsgerichts vom 31.7.1973, BVerfGE 36, 1–36 (15f.)

Nuntius Eugenio Pacelli, der spätere Papst Pius XII., auf dem 61. Katholikentag 1921 in Frankfurt a. M.

Der überwiegenden Mehrheit der Deutschen fehlte im Sommer 1945 nicht nur der Mut zu perspektivischem Denken, sondern auch die Kraft dazu. Der Kampf ums Überleben, die Suche nach Nahrung, die Sorge um Angehörige, zu denen der Kontakt durch die Wirren des Luftkrieges und der Vertreibung verloren gegangen war, sowie um die vermißten Soldaten, die Trauer um die Gefallenen verzehrten ihre seelischen und physischen Kräfte.

Einer hielt von Anfang an und unerschütterlich an der Auffassung fest, daß das Deutsche Reich völkerrechtlich nicht untergegangen sei: der Römer Eugenio Pacelli, der als Pius XII. auf dem Stuhl Petri saß.

Zwölf prägende Jahre seines Lebens hatte der geschulte Diplomat in Deutschland verbracht. 1917 war er zum apostolischen Nuntius im Königreich Bayern, 1920 zum Chef der – neuen – Nuntiatur beim Deutschen Reich in Berlin ernannt worden.

Als Nuntius und seit 1929 als Kardinalstaatssekretär hatte sich Pius XII. um die – durch die Nachwirkungen des Kulturkampfes noch immer belastete – Ordnung des Verhältnisses von Staat und Kirche in Deutschland bemüht. 1924 schloß der Vatikan ein Konkordat mit Bayern, 1929 mit Preußen und 1933 mit dem Deutschen Reich. Sollte das Erreichte hinfällig sein?

Doch ging es dem Papst um mehr als um die Bewahrung einer staatskirchenrechtlichen Ordnung. Er strebte nach einer gerechten Nachkriegsordnung für Europa, die einen dauerhaften Frieden garantieren sollte, und er wollte, daß Deutschland als Ganzes darin seinen Platz finden sollte.[4]

Deshalb weigerte sich Pius XII., seine Nuntiatur beim Deutschen Reich zu schließen.

Diese domizilierte im amerikanisch besetzten Eichstätt, wohin Cesare Orsenigo, der apostolische Nuntius, am 8. Februar 1945 aus dem von der Sowjetarmee bedrohten Berlin geflohen war.[5]

„Als Symbol der vatikanischen Präsenz in ganz Deutschland müsse die Flagge weiter in Eichstätt wehen, ohne Rücksicht auf die Teilung des Landes, das Fehlen einer legitimierten deutschen Regierung und die Weigerung der Besatzungsmächte, jedwede offiziellen Beziehungen mit der besiegten Nation zu dulden", so umschrieb das vatikanische Staatssekretariat seine Politik.[6]

Keine der Siegermächte und auch kein anderer ausländischer Staat pflegten offiziellen Kontakt zur Nuntiatur. Die westlichen Besatzungsmächte tolerierten sie, die Sowjetunion wollte sie schließen. Als das Vorhandensein der Eichstätter Nuntiatur im Berliner Kontrollrat zur Sprache kam und der sowjetische Vertreter spöttisch fragte, bei wem der Nuntius denn akkreditiert sei, nachdem Deutschland als Staat nicht mehr existiere, antwortete der Vertreter Frankreichs: „Sie ist akkreditiert bei ihrer Majestät dem menschlichen Elend."[7]

Dem Nuntius Orsenigo war es gelungen, über örtliche Dienststellen der US-Armee Kontakte zum Vatikan herzustellen. Durch

Cesare Orsenigo, Apostolischer Nuntius beim Deutschen Reich vom 18. Februar 1930 bis 1. April 1946.

---

[4] Vgl. die Radiobotschaft Pius XII. an die Welt v. 24. 12. 1944, in Utz-Groner, Aufbau und Entfaltung des gesellschaftlichen Lebens – Soziale Summe Pius XII.; 2. Aufl., Freiburg (Schweiz) 1962, Rdz. 3498.

[5] Benz, Hartmut, Aus Lagerhaft gerettet, in: Rheinischer Merkur, Nr. 32, 2001, S. 24.

[6] Barry, Colman J. OSB, American Nuncio – Cardinal Alois Muench, Collegeville, Minnesota 1969, S 67.

[7] Stalin, Churchill und Roosevelt haben auf der Konferenz von Jalta Frankreich angeboten, eine eigene Besatzungszone zu übernehmen und einen Sitz im Alliierten Kontrollrat einzunehmen. Frankreich hat dieses Angebot akzeptiert.

Bischofshaus in Eichstätt. Sitz der Apostolischen Nuntiatur in Deutschland vom 8. Februar 1945 bis 12. März 1951.

Vermittlung des Eichstätter Nuntius, der es seinerseits von amerikanischen Militärgeistlichen erfahren hatte, erhielt Rom beispielsweise im Juli 1945 Kenntnis vom Tode des Breslauer Erzbischofs Adolf Kardinal Bertram.[8]

Aber Pius XII. und seine Berater waren realistisch genug zu erkennen, daß diese Nuntiatur – was die staatliche (diplomatische) Seite ihrer Aufgabe betraf – auf absehbare Zeit zur Untätigkeit verdammt war.

Ein Papst, der dem deutschen Volk in seiner Not auch materiell helfen wollte, mußte andere Wege gehen.

---

[8] Hürten, Heinz, Die Amerikaner in Eichstätt, in: Land und Reich, Stamm und Nation, Festschrift für Max Spindler, Bd. III, München 1984, S. 473–483 (477).

Diese Erkenntnis hinderte den Papst jedoch nicht, seine Nuntiatur in Eichstätt zu belassen. Sie blieb – soweit Kontakte mit dem Vatikan überhaupt herzustellen waren – allein mit innerkirchlichen Fragen beschäftigt. Die Amerikaner ließen sie unbehelligt. Sie hatte nicht die geringste Chance der Wirksamkeit nach außen. Aber sie besaß völkerrechtlichen Symbolwert. Sie war die einzige diplomatische Institution der Nachkriegszeit, die an den Fortbestand eines ungeteilten Deutschland erinnerte.

Expeditionen in ein besiegtes Land

Nach der Besetzung Roms durch die US-Armee im Juni 1944 war Pius XII. von regelmäßigen Nachrichten aus Deutschland abgeschnitten.

Wie ging es den Deutschen und wie den ausländischen Arbeitskräften und den Kriegsgefangenen aus vielen Nationen, die sich auf deutschem Boden befanden? Wie wurden die aus ihrer Heimat Vertriebenen in den einzelnen Besatzungszonen aufgenommen? Praktizierten die Amerikaner tatsächlich eine Besatzungspolitik, die dem Plan ihres Finanzministers Henry Morgenthau jr. entsprach?

Pius XII. wußte es nicht. Er beschloß deshalb, einen geistlichen Spähtrupp in das besiegte Deutschland zu entsenden. Nach Kontakten mit Militärbehörden in Algier und Caserta (Italien) erhielt der im Umgang mit den amerikanischen Militärs erfahrene Walter Carroll, Priester der Diözese Pittsburgh und Mitarbeiter des vatikanischen Staatssekretariats, noch im Mai 1945 die Erlaubnis, zusammen mit weiteren Priestern aus ehemals von der Deutschen Wehrmacht besetzten Ländern, eine Erkundungsfahrt in das besiegte Deutschland zu unternehmen. Die Erlaubnis war auf vierzehn Tage befristet und galt für die amerikanisch besetzten Gebiete. Die Priester kamen bis Frankfurt a. M.

Ungefährlich waren sie nicht, die vatikanischen Expeditionen in das Land nördlich der Alpen.

Der Luftkrieg und Rückzugsgefechte hatten viele Straßen unpassierbar gemacht. Gesprengte Brücken zwangen zu erheblichen Umwegen. Das Passieren von Behelfsbrücken strapazierte die Kunst der Fahrzeuglenker. Allein die Besatzungsmächte verfügten über Benzin. Von Haft und anderen Zwängen befreite ehemalige Kriegsge-

So traf Ivo Zeiger seine Bischofsstadt im September 1945 an. Die Würzburger Domstraße mit Blick zur Alten Mainbrücke.

fangene der Siegerstaaten sowie Zwangsarbeiter aus unseren Nachbarländern waren ohne geordnete Versorgung und neigten zur Gewaltanwendung. Deutsche Soldaten, die sich der Gefangennahme entzogen hatten, streiften hungernd auf der Suche nach ihren Familien durch das Land.

Die widerrechtliche Vertreibung der deutschen Bevölkerung aus den von den Russen besetzten Ostgebieten des Reichs und der Tschechoslowakei hatte begonnen. Monsignore Alberto Giovannetti, ein vatikanischer Diplomat und Teilnehmer der dritten Expedition, nannte die den römischen Emissären gestellte Aufgabe ein tägliches Abenteuer. Er verglich die päpstliche Wagenkolonne mit einer Karawane, die allen Gefahren mittelalterlicher Handelswege ausgesetzt gewesen sei.[9]

Nach seiner Rückkehr berichtete Carroll dem Papst über seine Eindrücke, insbesondere über die schlimmen Zustände in den Gefangenenlagern und den zerbombten Städten. Pius XII. beschloß daraufhin, unverzüglich eine zweite Expedition nach Deutschland zu schicken.

Nach dem ausdrücklichen Willen des Papstes sollte dieser zweiten Expedition auch der Jesuitenpater Ivo Zeiger angehören. Er hatte Eugenio Pacelli, der 1930 aus der Nuntiatur in Berlin zum Kardinalstaatssekretär berufen worden war, seit 1933 kirchenrechtlich beraten. Zeiger erwies sich als in der Erledigung heikler Sonderaufgaben erprobt und verfügte seit der Einnahme Roms durch die Alliierten auch über gute Kontakte zur amerikanischen Armee. Aus der Sicht des Jahres 1945 besaß er nur einen Makel: er war Deutscher. Dennoch erhielt Carroll mit Unterstützung des Papstes eine Sondergenehmigung für ihn. Zeiger durfte als Dolmetscher eines amerikanischen Offiziers nach Deutschland reisen. Dennoch hielt es der Jesuit für angebracht, „zeitweilig selbst in die schützende Hülle einer amerikanischen Armeeuniform" zu schlüpfen.[10]

Der Papst beauftragte die Commissione per i Soccorsi, eine im Jahre 1941 gegründete Unterabteilung des vatikanischen Staatssekretariates, mit der Organisation der zweiten Erkundungsreise. Zu Leitern der Expedition wurden die Monsignori Mario Brini und Walter Carroll bestimmt. Ihre Aufgabe war es, möglichst exakte Informationen über die Lebensverhältnisse in Deutschland zu sammeln.

Pius XII. interessierte sich für das Schicksal aller gefährdeten Menschen in unserem Land. Dazu gehörten die vom Hunger bedrohte deutsche Zivilbevölkerung – insbesondere die wachsende Zahl der Heimatvertriebenen – sowie die Displaced Persons. Auch den befreiten Kriegsgefangenen der Siegermächte, die auf ihre Repatriierung warteten, und nicht zuletzt den nunmehr gefangenen deutschen Soldaten galt die Sorge des Mannes auf dem Stuhl Petri.

Aufgabe Zeigers war es, Kontakte mit den deutschen Bischöfen aufzunehmen. Dies gelang ihm an sechzehn Bischofssitzen, die er

---

[9] Barry, FN 6, S. 56.
[10] Volk, Ludwig SJ, Zwischen Ursprung und Ferne, in: Festschrift Mömbris, Mömbris 1977, o. S.

besuchen konnte. Sein Bewegungsspielraum war eingeengt. Ohne Beschränkungen durfte sich der Jesuit nur in der amerikanischen und in der französischen Besatzungszone Deutschlands und Österreichs bewegen. Die sowjetische Besatzungszone blieb ihm verschlossen.

Sein Aufenthalt in der britischen Zone mußte auf einen Tag beschränkt bleiben. Der amerikanische Offizier, dem Zeiger zur Dienstleistung zugeteilt war, besaß nur eine eintägige Besuchserlaubnis für dieses Besatzungsgebiet. Zeiger nutzte diese Chance, um am 8. September 1945 mit dem Kölner Erzbischof Josef Frings zu sprechen.[11]

Der schriftliche Bericht Zeigers über seine Reise „zu dem Hochwürdigsten Episkopat von Deutschland und Österreich (1.–20. September 1945)" ist selbstverständlich unter Beachtung der Kürze der Beobachtungszeit und der Beschränkungen seiner Reisemöglichkeiten zu lesen. Dennoch bildet er einen historisch überaus wertvollen Beleg über die materielle, seelische und religiöse Lage der Deutschen im Sommer des Jahres 1945.

Der Bericht gibt eine Anregung des Münchener Erzbischofs Michael Kardinal Faulhaber wieder, um deren Übermittlung an den Papst dieser ausdrücklich gebeten hatte. Zeiger schreibt: „Seine Eminenz Kardinal Faulhaber bittet seine Heiligkeit, den Gedanken zu erwägen, ob nicht die Entsendung eines eigenen Delegato Apostolico di Assistenza Pontificia angebracht wäre, der, mit diplomatischem Charakter ausgestattet, als unmittelbarer Vertreter seiner Heiligkeit den etwas ablehnenden alliierten Behörden gegenübertreten kann und die Gegenwart des Papstes in eindeutiger Weise vor allen dokumentiert, Sitz z. B. Frankfurt bei der Interalliierten Kommission, im Zentrum des Reiches."[12]

Michael Kardinal Faulhaber, Erzbischof von München und Freising 1917–1952

---

[11] Frings, Josef, Bericht an die Bischöfe der britischen Zone v. 10. 9. 1945 Historisches Archiv Erzdiözese Köln, CR II 30. 5. 1

[12] Zeiger, Ivo SJ, Kirchliche Zwischenbilanz 1945 – Bericht über die Informationsreise durch Deutschland und Österreich im Herbst 1945, in: StiZ 1975, S. 293–312 (309).

General Eisenhower überläßt dem Papst eine Villa

Die Anregung Faulhabers entsprach – wie Hermann Pünder berichtet – eigenen Überlegungen des Papstes.[13]

War es möglich, neben der kirchenrechtlich weiterbestehenden Nuntiatur in Deutschland einen Stützpunkt des Heiligen Stuhls zur Gewährung spiritueller und materieller Hilfe zu errichten? – Eine dritte Expedition, mit deren Vorbereitung Pius XII. unverzüglich beginnen ließ, sollte dies beim Oberkommandierenden der amerikanischen Streitkräfte in Frankfurt a. M. erkunden.

Die neue päpstliche Delegation geriet zur bisher größten. Die amerikanische Armee stellte dem Vatikan acht Sanitätswagen zur Verfügung. Aus dem päpstlichen Vorratslager wurden sie mit Medikamenten, Zucker, Kaffee, Gebetbüchern und einer großen Zahl südamerikanischer Zigaretten gefüllt. Letztere, ein Geschenk der brasilianischen Botschaft an den Papst, waren in der damaligen Zeit von unschätzbarem Wert. In großen Teilen Westeuropas, namentlich in den westlichen Besatzungszonen Deutschlands und Österreichs, war sie nämlich faktisch in Geltung: die Zigarettenwährung. Und auch der Vatikan bediente sich ihrer.

Die Leitung der Delegation vertraute der Papst nunmehr einem ranghohen päpstlichen Diplomaten an, dem Erzbischof Carlo Chiarlo, der in Rom als Mitglied der bereits erwähnten Commissione per i Soccorsi arbeitete. Monsignore Alberto Giovannetti, der in der gleichen Behörde tätig war, übernahm die Aufgabe eines Sekretärs der Delegation. Acht Priester aus verschiedenen osteuropäischen Ländern begleiteten die beiden Italiener. Sie wiederum sollten sich um die Seelsorge und um materielle Hilfen für die Displaced Persons – in der Regel summarisch als Zwangsarbeiter bezeichnet – ihrer jeweiligen Nationalität kümmern.

Sehr rasch war der Begriff der Displaced Persons in die Terminologie des Besatzungsrechts eingegangen. Die Alliierten verstanden darunter ausländische Zivilpersonen, die während des Zweiten Weltkrieges in das Gebiet des Deutschen Reiches gebracht worden

---

[13] Vgl. Pünder, Hermann, Von Preußen und Europa, Stuttgart 1968, S.190.

waren. Deutsche Besatzungsbehörden hatten sie angeworben oder – wohl in der überwiegenden Zahl der Fälle – zwangsweise ins Reich transportiert.

Anders als bei den deutschen Heimatvertriebenen, die von ihr unbeachtet blieben, nahm sich die 1945 als Nachfolgerin des Völkerbundes gegründete UNO der Displaced Persons intensiv an. Hinsichtlich der Zahl der Displaced Persons, die sich bei Kriegsende im Bereich der vier Besatzungszonen befanden, sind wir auf Schätzungen angewiesen.

Wahrscheinlich ist, daß es sich um etwa 6,5 Millionen Menschen handelte.[14]

Von Beginn der Besatzungszeit an behielten sich die alliierten Mächte die Regelung der Angelegenheiten der Displaced Persons in jeweils eigener Zuständigkeit vor. Auch später, nach der Errichtung neuer Länder in den Besatzungszonen, unterstand dieser Personenkreis für lange Zeit nicht deren gesetzgebender, vollziehender und richterlicher Gewalt.[15]

Für den Heiligen Stuhl erhob sich 1945 die Frage, ob die zahlreichen Katholiken unter den Displaced Persons in kirchenrechtlichen Fragen der Jurisdiktion der örtlich zuständigen deutschen Bischöfe unterstellt werden sollten.

Eine solche Unterstellung hätte die Vorbehalte der alliierten Mächte konterkariert und dem Zeitgeist widersprochen, der allem Deutschen gegenüber überaus kritisch war. Im übrigen waren die deutschen Diözesen ohnehin überlastet. Kriegsschäden mußten überwunden und neue Strukturen für die Seelsorge an den deutschen Heimatvertriebenen geschaffen werden.

Also entschied sich der im Grunde deutschfreundliche Papst im Einklang mit den Intentionen der Vereinten Nationen und dem Wunsch der Besatzungsmächte, die Jurisdiktion über die Displaced Persons nicht deutschen Bischöfen zu übertragen, sondern diese selbst wahrzunehmen (iurisdictio pontificia). Er delegierte diese

---

[14] Vgl. Der Ratgeber für heimatlose Ausländer und sonstige ausländische Flüchtlinge, hrsg. vom Bundesminister für Vertriebene, Flüchtlinge und Kriegsgeschädigte, 2. Aufl., Bonn 1958, S. XVII; Clay, Lucius D., Entscheidung für Deutschland, Frankfurt am Main, o. J. (1951), S.261f.

[15] o. V. Die zonalen Organe der britischen Besatzungszone, in: Europa-Archiv 1947, S. 573; Institut für Besatzungsfragen, Das DP-Problem, Tübingen 1950, S. 68.

seine Gerichtsbarkeit auf einen Vertreter und schuf sich damit einen willkommenen Grund, um die amerikanische Besatzungsmacht zu bitten, der Stationierung dieses Vertreters, eines Apostolischen Visitators, in ihrer Besatzungszone zuzustimmen.

Zurück zur Expedition. Der amerikanische Priester Walter Carroll, der über einschlägige Erfahrungen aus den ersten beiden Erkundungsfahrten im Deutschland des Jahres 1945 verfügte, sorgte dafür, daß auch ein Arzt die Expedition begleitete. Er suchte einen seiner Landsleute, Max Brzezinski M. D., der in den Diensten eines päpstlichen Hilfswerkes stand, für diese Aufgabe aus. Der Mediziner aus Chicago erwies sich als Schutzengel der Teilnehmer, weniger aus medizinischen als aus logistischen Gründen. Er war nämlich das einzige nichtdeutsche Mitglied der Expedition, das mit amerikanischen Besatzungssoldaten umzugehen verstand. Auf jeder ihrer Zwischenstationen war die vatikanische Autokolonne auf die Hilfe der US-Armee angewiesen, die sie auch erhielt.

P. Ivo Zeiger SJ gehörte auch dieser Reisegruppe an. Von Pius XII. mit der Seelsorge für die deutschen Kriegsgefangenen in Süditalien (seit Juni 1944) beauftragt, hatte auch er zahlreiche Kontakte zu den Amerikanern geknüpft. Aber er mußte sich zurückhalten. Er war eben ein Deutscher.

Die Fahrt nach Deutschland war beschwerlich. Als die Expedition in Frankfurt a. M., dem Sitz des amerikanischen Oberkommandos ankam, hatte sie erhebliche Teile der in Rom verladenen Liebesgaben durch Plünderung verloren. In der vom Bombenkrieg gezeichneten Mainmetropole fanden die Emissäre des Papstes Unterkunft im halbzerstörten Carlton-Hotel in der Nähe des Hauptbahnhofs.

Der amerikanische Priester Walter Carroll sollte – auf getrenntem Weg von Rom kommend – die Delegation in Frankfurt a. M. treffen, um ihr als Dolmetscher zu dienen. Er kam zu spät.

Doch Erzbischof Chiarlo, der Delegationsleiter, hatte Glück. Er traf in Frankfurt a. M. zufällig den polnischen Erzbischof Joseph Gawlina, den er von seiner früheren Arbeit als Nuntius in Warschau kannte. Gawlina sprach fließend Englisch, und er bewährte sich in den Verhandlungen mit der US-Armee – nicht nur als Dolmetscher.

Das Anliegen Pius XII. wollte der vatikanische Erzbischof dem Oberkommandierenden der US-Armee, General Dwight D. Eisen-

Carlton Hotel am Frankfurter Hauptbahnhof, vorläufige Unterkunft der dritten vatikanischen Expedition. In der Baracke (linke Bildseite) eine Dienststelle der amerikanischen Militärpolizei. (Aufnahme um 1948)

hower, in einem persönlichen Gespräch vortragen. Gawlina vereinbarte einen Termin.

Dem oben Gesagten entsprechend gehörte „die Betreuung und Rückführung der [...] Verschleppten aus Mitgliedstaaten der Vereinten Nationen" nach der damals geltenden Direktive des Washingtoner Generalstabes JCS 1067 zu den Aufgaben der US-Militärregierung in Deutschland.[16] Eisenhower konnte also im Rahmen ihm erteilter Anweisungen handeln, wenn er der Bitte des Papstes entsprechen wollte.

Der Oberkommandierende empfing die beiden Erzbischöfe am 10. November 1945 in seinem Hauptquartier, dem ehemaligen Verwaltungsgebäude der IG Farbenindustrie AG in Frankfurt a. M. (Grüneburgplatz 1).

[16] „Directive to the Commander in Chief of the US-Forces of Occupation (JCS 1067)" vom Mai 1945, in: Germany 1947–1949, Department of State of the United States of America, Publications Nr. 3556, Washington 1950, S. 21–33.

Chiarlo erschien dort im violetten römischen Bischofsgewand (ferraiulo), darüber trug er einen großen roten Mantel mit zwei päpstlichen Kokarden und als Kopfbedeckung den römischen Hut mit grüner Quaste.

Die von den Bildern des Krieges geprägten amerikanischen Soldaten betrachteten den römischen Bischof wie einen Menschen von einem anderen Stern (like an unusual creature).[17]

Sogar Eisenhower lächelte beim Anblick des Prälaten.

Das Gespräch verlief in einer kühlen Atmosphäre. Dem vatikanischen Diplomaten mit südländischem Temperament gelang es offenbar nicht, mit der Sprache und dem Stil des protestantischen Generals zurechtzukommen. Der als Dolmetscher fungierende Pole Gawlina wirkte ausgleichend.

Seitenansicht der Villa Grosch

Eisenhower erfüllte jedenfalls die Bitte Pius XII. Er genehmigte die Errichtung einer apostolischen Mission zum Zweck der Seelsorge an den Displaced Persons.

Im einzelnen stimmte der US-General folgenden Regelungen zu:
1. Die Mission des Erzbischofs Chiarlo, des päpstlichen Delegaten, ist streng auf ihre religiösen und moralischen Aufgaben beschränkt.
2. Die Priester der Mission können sich zu den ihnen zugeordneten Lagern der Displaced Persons begeben.
3. Eisenhowers Stab wird von der Beachtung dieser administrativen Anweisungen unterrichtet.
4. Der päpstlichen Mission wird eine Villa zur Verfügung gestellt.
5. Dem Erzbischof Chiarlo werden telefonische Kontakte mit dem Vatikan erlaubt.[18]

---

[17] Barry, FN 6, S. 57
[18] Barry, FN 6, S. 57 f.

Die US-Armee stellte der päpstlichen Delegation ein von ihr zu Besatzungszwecken beschlagnahmtes Haus zur Verfügung. Es war die in Kronberg im Taunus unweit der Burg gelegene Villa des Teefabrikanten Eberhard Grosch.[19] Die römischen Emissäre zogen alsbald ein.

Der Papst verfügte nun über einen Stützpunkt im besiegten Deutschland und über eine Postanschrift.

> Segreteria di Stato di sua Santita
> III. Missione Pontifice
> Kronberg im Taunus
> Gartenstraße 1

Der Chef muß Amerikaner sein

Eisenhower hatte seinen Stabschef, General Bedell Smith, gebeten, bei der Unterredung mit Chiarlo anwesend zu sein. Er sollte dafür sorgen, daß die mit dem päpstlichen Delegaten zu treffenden Vereinbarungen korrekt durchgeführt würden. Smith war Katholik.

Der Stabschef, der sich an der Diskussion mit Chiarlo nicht beteiligt hatte, bat Gawlina im Anschluß zu einem Gespräch unter vier Augen. Er erhob gravierende Vorwürfe. Diese Italiener, so meinte er, überschätzten ihre Rolle in der Welt. Die Vereinigten Staaten seien kein genuin katholisches Land.

Chef der päpstlichen Mission könne nur ein Amerikaner sein oder ein Pole, niemals jedoch ein Italiener oder ein Deutscher, meinte der General. Gawlina, dem wir die Schilderung der Unterredung verdanken, spürte sofort, daß es sich beim Hinweis auf einen Visitator polnischer Nationalität um eine Geste der Höflichkeit ihm – dem polnischen Bischof – gegenüber gehandelt hatte.

---

[19] Die Villa war bereits am 3.5.1945 von der US-Army beschlagnahmt worden. Ihre sechs deutschen Bewohner mußten sie verlassen. Vor dem Einzug der päpstlichen Vertreter hatte sie zunächst Russinnen (Displaced Persons) als Unterkunft gedient. Stadtarchiv Kronberg, Az 1306 und 1309.

General Dwight D. Eisenhower zusammen mit John Mc Cloy, dem späteren amerikanischen Hohen Kommissar in Deutschland auf dem Frankfurter Flughafen.

Der tatsächliche Wunsch blieb kaum verhüllt. Die Armee wollte einen US-Amerikaner als Visitator. Gawlina versprach, diese Gedanken weiterzugeben.

Welches auch immer die Motive des Stabschefs gewesen sein mögen: Die Beachtung seines Vorbringens lag im Interesse der Sache. Der Papst, der den Displaced Persons und allen Menschen in Deutschland helfen wollte, bedurfte des Wohlwollens der Vereinigten Staaten, der mächtigsten westlichen Besatzungsmacht. Mehr noch: Er bedurfte ihrer Hilfe.

Für Pius XII. waren solche Überlegungen nicht neu. Im Juni 1945 hatte er den in Südtirol aus Gestapohaft befreiten Hermann Pünder in Privataudienz empfangen. Pünder war von 1926 bis 1932 Staatssekretär im Berliner Reichskanzleramt und dem ehemaligen Nuntius deshalb sehr gut bekannt. Der Papst unterrichtete Pünder von seiner Absicht, „dem deutschen Volke in der jetzigen und kommenden Notzeit soweit möglich eine Hilfestellung zu geben". Zu diesem Zweck wolle er „schon bald einen Apostolischen Visitator im Bischofsrang nach Deutschland senden, der in möglichst enger Fühlung mit den alliierten Befehlshabern, aber auch mit entsprechenden deutschen Stellen, am Wiederaufbau mitwirken und die Kurie in Rom laufend über alles Wichtige unterrichten" solle.

Was er davon halte, fragte der Papst den deutschen Politiker und welche Eigenschaften ein Visitator mit solch ungewöhnlichem Auftrag haben müsse. Pünder berichtet, er habe von einem Visitator italienischer, spanischer oder portugiesischer Nationalität abgeraten. Die Italiener seien Verbündete Hitlers gewesen, und auch den Regierungen der iberischen Halbinsel würden Sympathien zum Nationalsozialismus nachgesagt. Er – Pünder – rate, einen Amerikaner zu berufen.

Zu seinem Erstaunen, so vermerkt Pünder, ließ der Papst schon damals erkennen, daß er dabei an Alois Muench, den – deutschstämmigen – Bischof der US-amerikanischen Diözese Fargo (North Dakota) dachte. „Abschließend machte der Papst eine Geste, die mir noch aus seiner Zeit in der Berliner Nuntiatur in Erinnerung war. Lächelnd vollführte er vor seinem Munde ein kleines Kreuzzeichen, ein Hinweis darauf, daß dieser Teil unserer Unterhaltung für uns beide vorerst vertraulich bleiben solle."[20]

Am 23. 12. 1945 meldete Radio Vatikan, Pius XII. habe seine Absicht bekanntgegeben, 32 Prälaten aus neunzehn Ländern zu Kardinälen zu ernennen. Vier Bischöfe aus den USA standen auf der Namensliste und – zur Verwunderung der Welt und zu unserer Freude – drei aus dem damals verfemten Volk der Deutschen: Josef Frings, Erzbischof von Köln; Clemens August Graf von Galen, Bischof von Münster; Konrad Graf von Preysing, Bischof von Berlin.[21]

Unter den amerikanischen Bischöfen, die der Papst auf diese Weise auszeichnete, befand sich der Erzbischof von Chicago, Samuel A. Stritch. Vor seiner Berufung nach Chicago leitete Stritch die Erzdiözese Milwaukee. Aus ebendieser Zeit stammte seine Freundschaft mit Alois Muench, dem Bischof von Fargo. Deshalb lud der designierte Kardinal den Bischof Muench ein, ihn nach Rom zu begleiten.

Pius XII. nutzte den Anlaß des Ernennungskonsistoriums am 18. 2. 1946, um mit Stritch über seinen Plan zu sprechen, einen amerikanischen Bischof als seinen Visitator nach Deutschland zu schicken. Auch Stritch – so berichtet Barry – schlug Muench vor.[22]

---

[20] Pünder, FN 13, S. 190f.
[21] Die Reise von Frings und Galen nach Rom dauerte neun Tage. Ihr Verlauf vom 6.–15. Februar 1946 dokumentiert die desolaten Verkehrsverhältnisse. Vgl. van Elten, Josef, Pro hominibus constitutus, Köln 1987, S. 46f.

Der Papst benachrichtigte Muench persönlich von seinem Wunsch. Giovanni Battista Montini, der spätere Papst Paul VI., damals stellvertretender Leiter des Staatssekretariates, erläuterte Einzelheiten der dem amerikanischen Bischof zugedachten Aufgabe. Muench solle Chef einer Priesterdelegation für die Seelsorge an den Displaced Persons in Kronberg werden. Daneben solle er als Vertreter des Heiligen Vaters dessen Verbindung zur Kirche in Deutschland gewährleisten.

Muench spürte, daß er als katholischer Bischof dem Papst gehorchen müsse. Aber er hing auch mit ganzem Herzen an seiner Diözese in der amerikanischen Prärie. Es tröstete ihn deshalb zu erfahren, daß die Annahme des päpstlichen Auftrags ihn nicht zum Verzicht auf den Bischofsstuhl von Fargo zwang. Auf seine Frage, wie lange die Arbeit in Deutschland ihn von dort fernhalten würde, antwortete Montini: nicht weniger als sechs und nicht mehr als achtzehn Monate. Er sollte sich irren.

Zunächst flog Muench nach Fargo zurück.

Am 16. Mai 1946 wurde es offiziell: der Apostolische Delegat für die Vereinigten Staaten von Amerika, Erzbischof Amleto Giovanni Cicognani, unterrichtete Muench per Telegramm, daß Papst Pius XII. ihn zu seinem persönlichen Vertreter für Deutschland, zum Apostolischen Visitator ad interim, ernannt habe.

Am 27. Juni flog Muench in einem Flugzeug der US-Luftwaffe nach Rom. Mehrmals traf er in der Heiligen Stadt mit Montini zusammen. Pius XII. empfing ihn in Privataudienz. Auf Wunsch des Papstes fand die Unterhaltung auch in deutscher Sprache statt. Der polyglotte Papst wollte sich, so vermutete Muench, von den Sprachkenntnissen seines neuen Visitators noch einmal persönlich überzeugen.

Von Rom reiste Muench mit einer Autokolonne nach Kronberg – aus Sicherheitsgründen mit US-Soldaten als Fahrer. Am 28. Juli 1946 traf Muench in Kronberg ein.

Dort erwartete ihn Monsignore Giovannetti, der als Geschäftsträger der Mission eingesetzt war, obwohl er weder deutsch noch englisch sprach. Pater Ivo Zeiger verrichtete die Arbeit, konnte aber

---

[22] Barry, FN 6, S. 59.

nicht Geschäftsführer sein, weil die Amerikaner sich noch immer weigerten, „einen Deutschen in dieser Position zu akzeptieren." [23]

Erzbischof Chiarlo hatte nämlich, nachdem er die Seelsorge für die in Lagern lebenden Displaced Persons organisiert hatte, Kronberg bereits am 18. Januar 1946 verlassen. Er sollte Nuntius in Brasilien werden.

Die Zeit des Interregnums – von der Abreise Chiarlos bis zur Ankunft Muenchs – war für die Kronberger eine Zeit voller Gefahren. Nach seinen Erlebnissen in Eisenhowers Hauptquartier hatte Chiarlo die Lust verloren, die Beziehungen zur amerikanischen Besatzungsmacht intensiv zu pflegen. „Die Basis unserer Mission ist zur Zeit gefährlich schmal geworden", schrieb Zeiger am 12.2.1946 an seinen Freund Robert Leiber SJ, den Privatsekretär des Papstes, und er meinte, „daß es keines großen Stoßes bedarf, um das Ganze umzuwerfen." „Die deutsche Kirche braucht dringend einen geeigneten Vertreter, der wenigstens den Sammelpunkt der Einheit schafft und auch Anregungen gibt bei der Zerrissenheit der Zonen und der Erschlaffung der Gemüter", betonte er dem gleichen Adressaten gegenüber am 16.4.1946; nicht ohne hinzuzufügen, wenn nicht bald „eine Lösung gefunden werde, sei es besser, rechtzeitig zu liquidieren, bevor man liquidiert wird."[24]

---

[23] Volk, Ludwig SJ, Der Heilige Stuhl und Deutschland 1945–1949, in: Kirche und Katholizismus, hrsg. von Anton Rauscher, München-Paderborn-Wien, 1977, S. 56.

[24] Volk, Ludwig, Der Heilige Stuhl, FN 23, S. 57.

Die rechtlichen Fundamente der Kronberger Mission

Mit der Kronberger Mission verfügte der Papst über einen Stützpunkt im besiegten Deutschland.

Auf welchen rechtlichen Grundlagen beruhte dieser? Waren sie so schwach, daß Ivo Zeiger die Liquidierung der päpstlichen Vertretung ernsthaft befürchten mußte?

Kirchenrechtlich betrachtet versahen Chiarlo und später Muench die Ämter apostolischer Visitatoren. Sie arbeiteten demnach als Gesandte (Legaten) des Papstes mit besonderem Auftrag. Sie waren nicht bei einem Repräsentanten staatlicher Souveränität akkreditiert. Ihre Sendung (Legation) zielte auf die katholische Kirche in dem – in vier Besatzungszonen aufgeteilten – Land. Pius XII. hatte ihre kirchenrechtliche Funktion nicht auf die Seelsorge an den Displaced Persons und nicht auf die westlichen Besatzungszonen beschränkt. Daß während ihrer Kronberger Zeit keinem der beiden Visitatoren ein Besuch in der sowjetisch besetzten Zone gestattet wurde, hinderte die Ausübung ihres Sendungsauftrags in diesem Gebiet. Kirchenrechtlich in Frage gestellt war er nicht. Die Kronberger Mission unterstand dem Staatssekretariat des Papstes.

Besatzungsrechtlich war die Tätigkeit der Kronberger Mission – wie wir gesehen haben – der Sache nach auf die Seelsorge für Displaced Persons und territorial auf das Gebiet der amerikanischen Besatzungszone beschränkt. Im US-Hauptquartier für Europa war die Mission dementsprechend der „Displaced Persons Division" unterstellt.

Die Geschichte malt nicht nur schwarz-weiße Bilder. Sie zeichnet bisweilen farbig. Die vorgenannten rechtlichen Fundamente erfuhren ungeplant und ohne Zutun des Vatikans eine – wenn auch personenbezogene so doch bedeutsame – Festigung.

Im Dezember 1945 hatten protestantische Kirchen der USA eine Abordnung nach Deutschland geschickt, um die Lage ihrer dortigen Schwesterkirchen zu erkunden. Der methodistische Bischof G. Bramley Oxnam leitete die Gruppe. Die deutschen Kirchenleitungen berichteten den Amerikanern von erheblichen Schwierigkeiten im Verkehr mit den Militärregierungen ihrer Besatzungszonen, insbesondere mit deren unteren Chargen.

Oxnam wandte sich deshalb nach seiner Rückkehr an den Präsidenten der USA, Harry S. Truman. Er bat ihn, einen amerikanischen Verbindungsmann (liaison representative) zwischen den protestantischen Kirchen der USA und den Militärregierungen einzusetzen. Er sollte in Konflikten zwischen den Militärs und den deutschen evangelischen Kirchen vermitteln.

Truman fragte den US-Oberkommandierenden Dwight D. Eisenhower und dessen Stellvertreter Lucius D. Clay um Rat. Die beiden Generale empfahlen, dem Anliegen der protestantischen Kirchenführer stattzugeben. Sie empfahlen gleichzeitig, gleiche Regelungen für die katholische Kirche und die jüdischen Gemeinden vorzusehen. Truman folgte dem Vorschlag seiner Generäle.

Auf Anweisung des Präsidenten suchte das Pentagon nunmehr einen Verbindungsbeauftragten zwischen der katholischen Kirche der USA und den US-Militärbehörden in Deutschland. Nachdem ein anderer Prälat aus Gesundheitsgründen abgesagt hatte, schlug der amerikanische Episkopat Muench für diese Aufgabe vor. Die US-Regierung akzeptierte. Der amerikanische Kriegsminister Robert B. Patterson überreichte ihm am 7. Juni 1946 die Ernennungsurkunde.

Muench war nun Legat des Papstes und Berater der US-Militärregierung in Deutschland für die katholische Kirche betreffende religiöse Fragen in Personalunion.

Zwar betonte der Bischof von Fargo stets, daß er mit der Annahme dieses zusätzlichen Auftrages nicht zum Regierungsbeamten geworden sei, sondern in der Position des Beraters die nordamerikanische Hierarchie vertrete. Bemerkenswert bleibt dennoch, daß ein Legat des Papstes einen Beratungsauftrag für eine Regierung ausübte, die – wohlgemerkt – keine offizielle Vertretung beim Heiligen Stuhl unterhielt.

Zahlreiche Vergünstigungen waren mit Muenchs Funktion eines Beraters der Militärregierung verbunden. Zunächst: Zum Zweck des Dienstantritts konnte er mit einem Militärflugzeug nach Rom fliegen. Die Villa Grosch in Kronberg wurde ihm – für die Dauer des Regierungsauftrags – mietfrei überlassen. Der apostolische Visitator konnte Lebensmittel in PX-Läden und Benzin an amerikanischen Tankstellen erwerben. Und: Die zusätzliche Funktion Muenchs hat

den Status der Kronberger – faktisch – gefestigt. Für die Kenner der damaligen Zeit steht der Wert dieser praktischen Hilfen außerhalb jeden Zweifels. Das wichtigste Resultat dieser zusätzlichen Aufgabe Muenchs lag jedoch darin, daß er in den Grenzen seiner Beratungskompetenz auf die Besatzungspolitik der Militärregierung Einfluß zu nehmen vermochte. Auch daß es ihm vergönnt war, einige der deutschen Probleme dem US-Präsidenten Truman am 8. Februar 1949 im Weißen Haus vorzutragen, verdankt Muench seinem Auftrag als liaison consultant.[25]

Die Kronberger Burg vom Stadtpark aus betrachtet. Das mit Giebel und Dach sichtbare Gebäude ist die Villa Grosch. Aufnahme um 1940.

Nachdem im Mai 1946 praktisch feststand, daß Muench in der oben skizzierten doppelten Funktion nach Deutschland kommen würde, prüften General Lucius D. Clay und sein politischer Referent Robert D. Murphy vertraulich, ob man die päpstliche Mission nicht dem Alliierten Kontrollrat in Berlin zuordnen solle. Damit wäre eine Analogie zu den vierzehn Militärmissionen geschaffen worden, die, von befreundeten Staaten entsandt, in der ehemaligen Reichshauptstadt „prädiplomatisch" arbeiteten.

Es blieb bei Gedankenspielen.

---

[25] Barry, FN 6, S. 165 sowie 312–314.

> Seit gestern sind H. Berthe und ich in Berlin. Wir sprachen eine Stunde lang mit Gen. Clay, dem amerikanischen Militär-Kommandanten der amerikanischen Zone über verschiedene kirchliche Angelegenheiten, die das Interesse der Kirch betreffen. Wir kommen zu guten Erfolgen. Es ist gut, dass ich nach Deutschland kam. Man traut einem amerikanischen Bischof mehr als einem deutschen, und die Aussprache ist auch leichter.

„Man traut einem amerikanischen Bischof mehr als einem deutschen." Aus einem am 4. August 1946 in Berlin verfaßten Brief Muenchs an seine Mutter.

Clay und Murphy verfolgten den Plan nicht weiter. Auch das vatikanische Staatssekretariat dürstete nicht nach einer Berliner Residenz. „Grundsatzkontroversen im Alliierten Kontrollrat über die Frage päpstlicher Vertretung im Nachkriegsdeutschland hätten womöglich das Unternehmen Muench belasten und das Schicksal der Nuntiatur in Eichstätt besiegeln können." [26]

Muench bekleidete noch ein drittes Amt. Vom amerikanischen Episkopat beauftragt war er Leiter (vicar delegate) der Militärseelsorge in der US-Zone Deutschlands. Seelsorge war für ihn nie Nebensache. Er kümmerte sich um das Schicksal der Soldaten und ihrer Familien. Ein Beispiel: Am 7. Juli 1947 firmte er 534 amerikanische Kinder in der St. Josephs-Kirche zu Frankfurt a. M.-Bornheim.

Insgesamt betrachtet überschritt die Arbeit der Kronberger Mission in vieler Hinsicht die ihr durch Eisenhowers Gestattung gezogenen besatzungsrechtlichen Grenzen.

---

[26] Reusch, Ulrich, Der Vatikan und die deutsche Kapitulation, in: Die Kapitulation von 1945 und der Neubeginn in Deutschland, hrsg. von Winfried Becker, Köln-Wien 1987, S. 243.

Hätten die Kronberger Seelsorger sich angesichts der deutschen Not restriktiv verhalten sollen? Mehr als jedem deutschen Bischof standen ihnen weltkirchliche Kommunikationsstränge zur Verfügung. Und sie setzten sie ein.

Die Amerikaner protestierten nicht. Offenbar spürten sie, daß die Tätigkeit der Kronberger Mission zur Stabilisierung der Lage in den westlichen Besatzungszonen beitrug. Und – je länger je mehr – war ihnen dieses angesichts der zunehmenden Verschärfung des Kalten Krieges nicht einmal unwillkommen.

Von der Mission zur Nuntiatur – Spuren westdeutscher Verfassungsgeschichte

Die Besatzungsmächte vermochten es nicht, das besiegte Deutschland ausschließlich mit eigenen Kräften zu verwalten. Das für Verwaltungsaufgaben zur Verfügung stehende militärische Personal konnte nicht ausreichen; und es war von wenigen Ausnahmen abgesehen nicht ortskundig.

Um das Land vor einem Verwaltungschaos zu bewahren, sahen sich die Alliierten deshalb unmittelbar nach dem Einmarsch ihrer Truppen gezwungen, die deutschen Kommunalverwaltungen – selbstverständlich unter strenger besatzungsrechtlicher Aufsicht – zu reaktivieren. Beamte und Angestellte, die der NSDAP angehört hatten, wurden in der Regel nicht weiterbeschäftigt.

Die neue Ordnung der gesamtstaatlichen Verhältnisse hatten die Siegermächte im Potsdamer Abkommen „bis auf weiteres" zurückgestellt.[27]

Die drei Westalliierten, auf die wir uns hier beschränken wollen, beabsichtigten, im Gebiet ihrer jeweiligen Besatzungszonen eine föderalistische Staatsstruktur zu begründen. Die Verwaltungsebene oberhalb der Kommunen sollte in Länder gegliedert sein.

Sie verwirklichten diese ihre Absicht in unterschiedlicher Geschwindigkeit. Die Amerikaner setzten noch 1945 Landesverwaltungen ein, die Franzosen erst 1946 und 1947. Von Hamburg abge-

---

[27] Potsdamer Abkommen, FN 2, Abschnitt III A, 9.

sehen, das als Staat bereits im Mai 1945 eine deutsche Verwaltung erhielt, bestellten die Engländer zunächst Oberpräsidenten für die früheren preußischen Provinzen, bevor sie – 1946 – Länder errichteten. Sämtliche neuen Länder durften nur unter der Aufsicht und unter dem Druck eines sofortigen Eingriffs der jeweiligen Besatzungsmacht handeln. Die Sieger blieben Inhaber der höchsten Staatsgewalt in Deutschland.[28]

Die Wirtschaft in Deutschland kam nur schleppend in Gang. Einbußen im Facharbeiterstamm, Kriegszerstörungen, Demontage und Rohstoffmangel wirkten hemmend. Die hermetische Abschottung der Besatzungszonen trat erschwerend hinzu. Dem letztgenannten Mangel abzuhelfen, hätte dem Potsdamer Abkommen nicht widersprochen. Im Gegenteil: Dieses Abkommen der Siegermächte über die Machtausübung in Deutschland sah die Errichtung zentraler – also vierzonaler – Verwaltungen auf den Gebieten des Finanzwesens, des Transport- und Verkehrswesens, des Außenhandels und der Industrie unter der Leitung des Kontrollrats ausdrücklich vor.[29] Die Sowjetunion und Frankreich verhinderten die Realisierung.

Die beiden angelsächsischen Besatzungsmächte antworteten im Herbst 1946 auf diese Verweigerungshaltung. Sie gestatteten den Abschluß von Verwaltungsvereinbarungen zwischen den Ländern ihrer Zonen mit dem Ziel, einer großräumigeren Wirtschaftspolitik den Weg zu ebnen. Nachdem sich diese Maßnahme als ineffektiv erwiesen hatte, errichteten sie 1947 den Wirtschaftsrat des Vereinigten Wirtschaftsgebietes (Bizone) und einen Exekutivrat. Der Wirtschaftsrat hatte seinen Sitz in Frankfurt a. M. Er setzte sich aus 52 von den Landtagen der bizonalen Länder gewählten Abgeordneten zusammen und besaß eine zwar auf Wirtschaftsmaterien beschränkte, jedoch länderübergreifende Gesetzgebungskompetenz. Seine Normen, die den Gesetzen des Kontrollrats nicht widersprechen durften und nur mit der Genehmigung des „Bipartite Board" zur Geltung erwuchsen, gingen den einschlägigen Ländernormen vor und sie banden auch die Gerichte.[30] Zaghaft zwar – aber für die

---

[28] Vgl. Menger, Christian Friedrich, Deutsche Verfassungsgeschichte der Neuzeit, 8. Aufl., Heidelberg 1993, S. 198ff.
[29] Potsdamer Abkommen, FN 2, Abschnitt III A, 9.

Westdeutschen hilfreich – war damit der Kern einer zukünftigen länder- und zonenübergreifenden Staatlichkeit geschaffen worden. Von all diesen Entwicklungen blieb die Stellung der vatikanischen Mission unberührt. Insbesondere ihren Kanzler, den in Konkordatsfragen erfahrenen Ivo Zeiger, schmerzte es erheblich, daß sie mangels völkerrechtlicher Handlungsfähigkeit die Interessen des Heiligen Stuhls in Fragen der Schulgesetzgebung der neuen Länder nicht aus eigener Kompetenz zur Geltung bringen konnte. Dieses Defizit konnte nicht behoben werden.

Seit der Mitte des Jahres 1946 hatte sich – wie oben bereits angedeutet – der Ost-West-Gegensatz verschärft. Zahlreiche Bemühungen der beiden angelsächsischen Besatzungsmächte, eine einheitliche Regierung für Deutschland zu begründen, denen sich zuletzt auch Frankreich anschloß, scheiterten am Nein der Sowjetunion. Die Vereinigten Staaten und Großbritannien beriefen deshalb im Frühjahr 1948 eine Sechsmächte-Konferenz ein, an der neben Frankreich nunmehr auch Belgien, Luxemburg und die Niederlande teilnahmen. Diese Londoner Sechsmächte-Konferenz machte den Weg zur Errichtung eines westdeutschen Teilstaates – eben der Bundesrepublik Deutschland – frei.[31]

Das Grundgesetz der Bundesrepublik Deutschland trat mit Ablauf des 23. Mai 1949 in Kraft. Die Väter dieser Verfassung gingen davon aus, daß das Deutsche Reich mit der bedingungslosen Kapitulation der Wehrmacht als Staat und Völkerrechtssubjekt nicht untergegangen war. „Deutschland", so formulierte es der sozialdemokratische Abgeordnete Carlo Schmid im Parlamentarischen Rat, „ist von uns nicht neu zu konstituieren, sondern neu zu organisieren."[32]

Deutschland war im Teilstaat Bundesrepublik Deutschland wieder handlungsfähig geworden. Die Hoheitsgewalt des neu organisierten Staates war zwar durch das am 21. September 1949 in Kraft

---

[30] Vgl. Pünder, Tilmann, Das bizonale Interregnum, Waiblingen 1966, Anhang, S. 367ff.

[31] Das Londoner Deutschland-Kommuniqué vom 7.6.1948, in: Europa-Archiv, Oberursel 1948, S. 1437ff.

[32] Sechste Sitzung des Plenums des Parlamentarischen Rats am 20.10.1948 in: Der Parlamentarische Rat 1948–1949, Akten und Protokolle, Bd. 9, München 1996, S. 181.

getretene Besatzungsstatut zunächst erheblich eingeschränkt. Unter anderem die Zuständigkeit für „auswärtige Angelegenheiten einschließlich der von Deutschland oder in seinem Namen getroffenen internationalen Abkommen" verblieb bei den alliierten Hohen Kommissaren, die an die Stelle der Militärregierungen getreten waren und auf dem Petersberg residierten.[33] An der grundsätzlichen Bedeutung der Tatsache, daß in dem besiegten Land wieder eine Staatsgewalt begründet worden war, änderten diese Einschränkungen nichts.

Die Vorenthaltung der Hoheitsgewalt für auswärtige Angelegenheiten berührte auch mögliche Beziehungen der neuen Bundesregierung zum Heiligen Stuhl. Also verblieb die Eichstätter Nuntiatur in ihrer diplomatischen Bedeutungslosigkeit.

Dennoch reagierte Pius XII. auf die westdeutsche Staatsgründung, der die Gründung der Deutschen Demokratischen Republik auf dem Territorium der sowjetisch besetzten Zone gefolgt war. Am 7. Oktober 1949 war deren Verfassung in Kraft getreten.

Am 21. Oktober 1949 ernannte der Papst Muench zum Regenten der Apostolischen Nuntiatur beim Deutschen Reich in Eichstätt. Muench wurde damit Geschäftsführer der Nuntiatur in Eichstätt, ohne daß sich an deren Rechtsstatus etwas geändert hätte. Im Ergebnis wurde die Kronberger Mission nun als handelnde Betriebsstätte in den fortbestehenden Firmenmantel der Eichstätter Nuntiatur eingefügt.

In der politischen Auseinandersetzung zwischen den westlichen Siegermächten und der Sowjetunion, die sich im Verhältnis der Bundesrepublik und der DDR widerspiegelte, bezog der Papst mit der Regenten-Lösung formal eine abwartende Position. Sie hätte eine nachfolgende Akkreditierung eines päpstlichen Nuntius bei einem gesamtdeutschen Staat keinesfalls gehindert. Die politische Entwicklung ließ dessen Zustandekommen jedoch unwahrscheinlich erscheinen. Der Vatikan stellte die politische Wirklichkeit in Rechnung. Er ließ seine Präferenz erkennen, im Fall einer einschlägigen Lockerung des westdeutschen Besatzungsstatuts einen Apostolischen Nuntius bei der Bundesrepublik Deutschland akkreditie-

---

[33] ABl. Alliierte Hohe Kommission 1949, S. 13.

ren zu lassen und getreu seiner These von der fortbestehenden Einheit Deutschlands eben nur bei dieser und nicht bei der DDR.

Entsprechend wütend war die Reaktion der Sowjetunion. Sie wertete die Ernennung Muenchs zum Regenten der Eichstätter Nuntiatur als Ausdruck des Bündnisses „zwischen dem amerikanischen Monopolkapital und dem Vatikanstaat."[34]

Den Mitgliedern des deutschen Episkopates erläuterte Muench seine Ernennung zum Regenten der Apostolischen Nuntiatur in vertraulichen persönlichen Schreiben wie folgt:

„Nach dem Willen der Alliierten kann die Bundesregierung zu Bonn auswärtige diplomatische Vertreter nicht unmittelbar bei sich akkreditieren. Daher hält es der Heilige Stuhl für angebracht, auf die Ernennung eines Vertreters mit diplomatischem Charakter zunächst noch zu verzichten und lieber die Entwicklung einstweilen abzuwarten. So versteht sich, daß nur ein Regent für die Apostolische Nuntiatur aufgestellt wurde.

Dies bedeutet jedoch andererseits ein erneutes Hervorheben der seit 1945 diplomatisch erloschenen, kirchlich aber ununterbrochen weiterbestehenden Nuntiatur. Sie war einst für ganz Deutschland zuständig und soll auch weiterhin als kirchliche Vertretung für das gesamte Deutschland gedacht sein, wobei der Heilige Stuhl sich der Entscheidung für eine west- oder ostdeutsche Regierung enthalten möchte. Um in dieser, für das deutsche Volk so leidvollen Frage möglichste Neutralität zu wahren, wird an der Apostolischen Nuntiatur festgehalten und zwar mit dem formalen Sitz Eichstätt, ohne daß deswegen eine realer Umzug von Kronberg nach Eichstätt erfolgen muß.

Was den Geschäftsverkehr angeht, so bitte ich ergebenst alle etwa anfallenden Zahlungen nach wie vor an die bekannte Anschrift der Apostolischen Nuntiatur nach Eichstätt zu richten, während aller Brief- und sonstiger Schriftverkehr wenigstens ab 1. Januar des neuen Jahres hierher gerichtet werden möge." [35]

Die Villa Grosch in Kronberg war damit kirchenrechtlich zum faktischen Aktionszentrum der – weiterhin ihrer diplomatischen

---

[34] Tägliche Rundschau, Berlin 1949, Nr. 253.
[35] Nuntiatura Apostolica in Germania Kronberg, Brief des Regenten an Bischof Dr. Wilhelm Kempf, vom 19. 11. 1949, Diözesan-Archiv Limburg, 14G (1945–67).

Der Turmhof in (Bonn-)Bad Godesberg. Sitz der Apostolischen Nuntiatur in Deutschland vom 12. März 1951 bis zum Umzug nach Berlin im April 2001.

Funktion entkleideten – Apostolischen Nuntiatur in Eichstätt geworden.

Am 28. Oktober 1950 verlieh Pius XII. dem Regenten der vatikanischen Mission in Deutschland den persönlichen Titel Erzbischof. Es lag Anerkennung für Muenchs bisherige Arbeit in dieser Rangerhöhung – und noch mehr. Sie war ein Signal. Zum Verdruß mancher einschlägig geschulter päpstlicher Prälaten gab das Oberhaupt der Kirche zu erkennen, daß es den Diözesanbischof und – aus dem Blickwinkel der Vatikandiplomatie – Seiteneinsteiger Muench im Falle eines Falles in Deutschland belassen wolle – als Nuntius.

Der Ost-West-Gegensatz hatte sich zwischenzeitlich in schnellem Tempo verschärft. Die konventionellen Streitkräfte der West-Alliierten in Europa waren denen der Sowjetunion und ihrer osteuropäischen Satellitenstaaten weit unterlegen; deshalb wurde diskutiert, ob es sinnvoll sei, die Bundesrepublik Deutschland zur Leistung eines Verteidigungsbeitrages aufzufordern. Der Ausbruch des Korea-Krieges am 25. Juni 1950 hatte diese Diskussion beflügelt. Der deutsche Bundeskanzler Konrad Adenauer ließ die Alliierten wissen, daß dazu eine Lockerung der geltenden Beschränkungen der (west-)deutschen Hoheitsgewalt erforderlich sei.

Am 6. März 1951 verkündeten die Westalliierten die Erste Urkunde zur Revision des Besatzungsstatuts. Zwar verblieb auch danach die Hoheit über auswärtige Angelegenheiten grundsätzlich noch bei den Alliierten Hohen Kommissaren. Der Bundesrepublik wurde jedoch „die Pflege der Beziehungen mit anderen Ländern in vollem Umfange insoweit ermöglicht, als dies mit den Erfordernissen der Sicherheit, mit den anderen vorbehaltenen Befugnissen und den Verpflichtungen der Besatzungsmächte im bezug auf Deutschland vereinbar ist."[36]

Damit war der Weg für eine Aufnahme diplomatischer Beziehungen zwischen der Bundesrepublik Deutschland und dem Heiligen Stuhl frei.

Der Papst handelte schnell. Schon am 10. März 1951 teilte er dem Vorsitzenden der Fuldaer Bischofskonferenz Josef Kardinal Frings mit, daß er für Erzbischof Alois Muench die Akkreditierung als Apostolischen Nuntius bei der Bundesregierung beantragt habe.

Als erster Diplomat überreichte Erzbischof Muench am 4. April 1951 dem Bundespräsidenten Prof. Dr. Theodor Heuss sein Beglaubigungsschreiben. Die Zeremonie in der Villa Hammerschmidt fand weltweite Beachtung; für die Deutschen war sie ein Symbol der wachsenden Normalität und Ausdruck der Hoffnung auf eine bessere Zukunft des Landes.

„Ich habe, hochverehrter Herr Bundespräsident", erklärte Muench bei der Übergabe der vom Papst unterzeichneten Urkunde, „nun die ausgezeichnete Ehre, Ihnen als dem hohen Staatsoberhaupt der Bundesrepublik das Schreiben zu überreichen, wodurch seine Heiligkeit mich als Apostolischen Nuntius beim deutschen Volke beglaubigt." [37]

Ebenso wie die kirchenrechtliche Bezeichnung für Muenchs Amt – Nuntius Apostolicus in Germania – ließen diese Worte deutlich werden, daß der Papst unverändert an der Einheit Deutschlands festhielt, und daß er – einstweilen – die Bundesrepublik Deutschland als legitime Nachfolgerin des Deutschen Reiches anerkannte.

In Übereinstimmung mit diplomatischen Traditionen und den Regeln des Schlußprotokolls (Art. 3) des Reichskonkordats von

---

[36] ABl. Alliierte Hohe Kommission 1951, S. 792.

Konrad Adenauer empfängt den päpstlichen Orden vom goldenen Sporn anläßlich seines 80. Geburtstages am 17. Januar 1956. Der Bundeskanzler mit Nuntius Muench, dem Kölner Kardinal Frings und seinen vier Söhnen in der Bonner Nuntiatur.

1933[38] war der neue Nuntius auch Doyen des Bonner diplomatischen Korps; und in dieser seiner Eigenschaft stellte Muench noch am gleichen Tag weitere sieben Botschafter und Gesandte dem Bundespräsidenten zur Akkreditierung vor.

Bereits am 12. März 1951 hatte der Papst den juristischen Sitz seiner Nuntiatur von Eichstätt nach Bad Godesberg verlegt. Durch Vermittlung der Erzdiözese Köln war es dem Heiligen Stuhl gelungen, dort den „Turmhof", eine geräumige Villa mit Park, von der britischen Militärregierung zu erwerben.[39]

Am 9. Juni 1951 übersiedelte der Apostolische Nuntius mit seinen Mitarbeiterinnen und Mitarbeitern von Kronberg in seine neue Residenz am Rheinufer – ohne Ivo Zeiger SJ. Der Jesuit mußte wegen eines Herzleidens aus dem Dienst der Nuntiatur ausscheiden. Er hatte sich überarbeitet.

---

[37] Frankfurter Allgemeine Zeitung, 1951, Nr. 79.
[38] RGBl II 1933 S. 689.
[39] van Bergh, Hendrik, Botschafter des Papstes, Bern 1984, S. 274f.

Das Personal der Villa Grosch

Etwa 30 Personen arbeiteten ständig für die Kronberger vatikanische Mission, die – wie wir gesehen haben – mit der Ernennung Muenchs zum Regenten der Nuntiatur in Eichstätt in deren Geschäftsstelle umgewandelt wurde. Es waren Menschen unterschiedlicher Nationalität – ein Spiegelbild der Weltkirche.

Als Chef des Hauses wirkte ab 28. Juli 1946 der Bischof von Fargo, der Amerikaner Alois Muench, der die päpstliche Niederlassung in Kronberg nacheinander in drei kirchenrechtlichen Funktionen leitete: als Apostolischer Visitator, als Regent der Apostolischen Nuntiatur und – in den letzten zwei Monaten – als Nuntius.

Die Aufgabe des Kanzlers erfüllte der deutsche Jesuitenpater Ivo Zeiger. Er fungierte nicht nur als faktischer Statthalter während der Sedisvakanz von Chiarlo bis Muench, er war – wie sein Mitbruder und Landsmann Ludwig Volk zutreffend berichtet – während der gesamten Kronberger Zeit Motor und Organisator der dort geleisteten Arbeit.

Nur eine einzige Planstelle eines persönlichen Sekretärs hatte das römische Staatssekretariat für Kronberg bewilligt. Sie war zunächst mit Stanley J. Bertke besetzt, den Muench von seinem Freund John McNicholas, dem Erzbischof von Cincinnati (Ohio) ausgeliehen hatte. Bertke war Priester und Professor für Fundamentaltheologie am St. Mary's Seminary der dortigen Erzdiözese. Zu Bertkes Aufgaben in Deutschland gehörte auch die Stellvertretung Muenchs als Berater in Kirchenfragen am Büro der amerikanischen Militärregierung in Berlin-Dahlem. Als Bertke 1948 in die USA zurückkehrte, folgte ihm – auf Wunsch Muenchs – Howard Smith, ein Priester der Diözese Fargo.

Monsignore Alberto Giovannetti, Mitglied der päpstlichen Missio per i Soccorsi übte die Funktion des Auditors (Verwalters) aus. Auch er verließ Kronberg im Jahre 1948, um nach Rom zurückzukehren. An seine Stelle traten die Monsignori Opilo Rossi und Ottavio de Lima. Für diese drei Italiener erwies sich die Verwendung auf dem vatikanischen Außenposten im Taunus als überaus karrierefördernd. Giovannetti stieg zum Beobachter des Heiligen Stuhls bei den Vereinten Nationen auf, die beiden anderen zu Chefs der Nuntiaturen in Österreich (Rossi) und in Indonesien (de Lima).

Weihnachten 1945 in der Villa Grosch. Sitzend 2. von links Erzbischof Chiarlo, rechts daneben Ivo Zeiger SJ, ein amerikanischer Offizier und Msgr. Opilo Rossi. Oben links außen Msgr. Octavian Barlea, der vierte von links: Msgr. Alberto Giovannetti.

Acht Priester unterschiedlicher – vornehmlich osteuropäischer – Nationalität kümmerten sich zunächst von Kronberg aus um die Seelsorge an den Displaced Persons. Sie waren häufig unterwegs und bemühten sich um den Aufbau von Stützpunkten der Seelsorge für ihre in den westlichen Besatzungszonen zerstreut lebenden Landsleute. Allmählich errichteten sie eigene Seelsorgestationen an unterschiedlichen Orten des westlichen Deutschland. Allein Dr. Oktavian Barlea, ein rumänischer Priester, blieb ständig in Kronberg. Zwei, die rechtlich zum Kreis der Displaced Persons gehörten, die Polen Martin Wazny und Nikolaus Kramny, standen im Dienst der Mission. Mehr als zehn Jahre lang bewährte sich Kramny als zuverlässiger Fahrer Muenchs.

Die Deutschen bildeten die stärkste Fraktion in der Villa Grosch. Neben dem Unterfranken Ivo Zeiger gehörte seit 1950 auch der Berliner Bernhard Hack dazu. Barry würdigt Hack als talentierten und kenntnisreichen „preußischen Priester". [40] Als Mitarbeiter des Nuntius in der ehemaligen Reichshauptstadt war er zusammen mit diesem nach Eichstätt geflohen. Nach dem Ableben Orsenigos und

---

[40] Barry, FN 6, S. 67.

Arbeitsbesprechung in Kronberg. Von links Ivo Zeiger SJ, Erzbischof Carlo Chiarlo, Msgr. Alberto Giovannetti, Msrg. Opilo Rossi.

des vom Vatikan eingesetzten Geschäftsträgers Colli arbeitete er faktisch als Geschäftsträger der Eichstätter Nuntiatur. Nachdem Ivo Zeiger im Jahre 1950 von einer schweren Herzattacke heimgesucht worden war, verlegte Hack auf Bitten Muenchs seine Wohnung in die Villa Grosch. Hack wurde zu einem der engsten Mitarbeiter des Bischofs von Fargo solange dieser in Deutschland weilte – auch während seiner Zeit als Nuntius in Bonn.

Drei badische Benedikterinnen führten den Haushalt in der Villa Grosch: Fridburga Gumbert, Genovefa Schwert und Caecilia Rieger. Sie gehörten zur jungen, 1920 gegründeten Kongregation der Lioba-Schwestern, deren Mutterhaus sich in Freiburg im Breisgau befindet.

Auch Taunusbewohner arbeiteten in der Villa Grosch: Erika Titz, die im Sekretariat tätig war, und auch zwei Kronberger: Katharina Käfer als Hausangestellte und Robert Deubel. Deubel, Kriegsteilnehmer und während seiner Gefangenschaft in Großbritannien sprachkundig geworden, unterstützte die übrigen Mitarbeiter in ihrer englischen Korrespondenz.

Als Erika Titz und Robert Deubel heirateten, ließ Muench es sich nicht nehmen, die Trauzeremonie zu leiten. Und er taufte die Kinder der Eheleute, „seine" Kinder, wie er sie liebevoll nannte.

Alle noch erreichbaren Zeitzeugen bestätigen den guten Geist, der in der Villa Grosch herrschte. Die Leistungen, die dort für die Menschen in der Not der Nachkriegsjahre und für Deutschland erbracht wurden, sind das Ergebnis angestrengter gemeinschaftlicher Arbeit. Dem steht die Aussage nicht entgegen, daß es zwei Priester waren, die das päpstliche Unternehmen Kronberg richtungsweisend geprägt und ausdauernd getragen haben: Alois Muench und Ivo Zeiger.

Alois Kardinal Muench

Aloisius Josef Muench wurde am 14. Mai 1889 in Milwaukee im amerikanischen Bundesstaat Wisconsin als Kind deutscher Einwanderer geboren.

Sein Vater Josef Muench, ein Bauernsohn, stammte aus St. Katharina im Böhmerwald. Seine Mutter Theresa Kraus hat in Bayern das Licht dieser Welt erblickt; in Kemnath in der Oberpfalz als Tochter einer alteingesessenen Bäckerfamilie.

Beide wanderten 1882 mit ihren Geschwistern und je einem Elternteil – Josefs Vater und Theresas Mutter waren in der alten Heimat gestorben – in die USA aus. Im Bundesstaat Wisconsin – genauer in der St. Mary's Pfarrei in Milwaukee – lernten sich Josef und Theresa kennen und heirateten 1888.

Acht Kinder wurden den Eheleuten geschenkt. Alois – seine Freunde nannten ihn Allie – war das erste. Von 1895 bis 1903 besuchte Allie die Pfarrschule von St. Boniface, einer deutschen Nationalpfarrei im Norden Milwaukees. Deutsche Einwanderer waren es, die diesen Teil der Stadt am Westufer des Michigansees prägten. Hier hatte Allies Vater ein Leben lang in der gleichen Möbelfabrik gearbeitet, ein Grundstück erworben und ein Haus für die Familie gebaut.

Der Fleiß, der Glaube und die Frömmigkeit der Eltern prägten die Kinder. Die große Familie mußte bescheiden leben. Allie half so gut er konnte. Täglich vor Schulbeginn trug er zwei Stunden lang die deutschsprachige Zeitung „Milwaukee Herold" aus. Die acht Dollar Monatsentgelt legte er in die Familienkasse. Im Rückblick hat Alois Muench diese Kinderarbeit nie bedauert. Im Gegenteil: ihre immateriellen Früchte schätzte er sehr. Die Einübung von Arbeitsdisziplin, das Gewinnen von Menschenkenntnis sowie die ökonomische Erfahrung, wie schwer es gelegentlich sei, fällige Rechnungsbeträge einzuziehen, rechnete der spätere Kurienkardinal zu diesen Früchten.

In den Jahren 1903 und 1904, als er noch die Pfarrschule besuchte, erteilte ein Priester Allie und sechs anderen Jungen deutscher Abstammung privaten Unterricht in Latein und Griechisch. Dies befähigte ihn, 1904 in die dritte Klasse einer HighSchool einzutreten.

Father Muench als junger Priester mit seiner Mutter von dem Elternhaus der Familie in Milwaukee

Alois Muench wollte Priester werden. Nach Abschluß der HighSchool studierte er Philosophie und Theologie am Saint FrancisSeminary, der nach dem heiligen Franz von Sales benannten Ausbildungsstätte für Priester der Erzdiözese Milwaukee. Zahlreiche der dort lehrenden Professoren hatten ihre Studien – ganz oder nur zum Teil – an europäischen Universitäten absolviert. Der Student Muench las – wie Barry berichtet – alle Ausgaben der „Stimmen aus Maria Laach", einer hoch angesehenen, von deutschen Jesuiten herausgegebenen Zeitschrift, die noch heute unter dem Titel „Stimmen der Zeit" erscheint.

Die Professoren des Seminars wurden auf den intelligenten und fleißigen Studenten Muench aufmerksam. Kurz vor der Priesterweihe eröffnete ihm sein Dozent für Dogmatik Charles Bruehl, ein in Deutschland geborener Priester der Erzdiözese Philadelphia, daß er ihn dem Erzbischof von Milwaukee für ein Aufbaustudium in Europa zu empfehlen gedenke. Muench könne danach seinen – Bruehls – Platz am Priesterseminar einnehmen. Muench stimmte freudig zu.

Am 8. Januar 1913 wurde Muench zum Priester geweiht. Die Primiz feierte er in der Pfarrkirche seiner Heimatgemeinde.

Nationale Rivalitäten und eine Politik der Aufrüstung im alten Kontinent ließen eine rasche Entsendung Muenchs nach Europa zunächst unangebracht erscheinen. Sein Bischof setzte ihn deshalb als Kaplan an St. Michael ein, einer deutschen Nationalpfarrei in einem Arbeiterviertel Milwaukees.

1917 wurde „Father Muench" Assistent des Studentenpfarrers an der Staatsuniversität in Madison, der Hauptstadt des Bundesstaates Wisconsin. Muench nutzte die Berufung an diese Hochschule, um sich dort als Student der Sozialwissenschaften (Wirtschaftswissenschaften und Soziologie) einzuschreiben. 1919 erwarb er den Grad eines Master of Arts.

Die Beschäftigung mit sozialen Fragestellungen entsprach sowohl Muenchs Zuneigung zu den „kleinen Leuten", die ihn während seines gesamten Lebens nicht verließ, als auch einem im nordamerikanischen Katholizismus weitverbreiteten Anliegen.

Die Einwanderung nach dem Ende des Bürgerkrieges (1861–1865) führte zu einem starken Bevölkerungswachstum in den neu erstandenen Industriezentren der USA. Die überwiegende Zahl der neuen Bürger kam aus Mitteleuropa. Vor allem Deutsche, Polen, Iren, Österreicher und Ungarn gehörten dazu, und der Anteil der Katholiken an den Neubürgern war erheblich größer als der an der bisherigen Wohnbevölkerung der USA. Die kleine katholische Kirche – in dem protestantischen Land bis dato eher als Fremdkörper betrachtet – stand vor großen Problemen. Die bestehenden katholischen Großstadtpfarreien und zahlreiche neue wurden zu Kristallisationspunkten der Einwurzelung der neuen Bürger und damit zu Zentren der Sozialarbeit.

Selbstbewußtsein und politischer Einfluß der nordamerikanischen Katholiken wuchsen naturgemäß mit ihrer Zahl. Nach dem Ende des Ersten Weltkrieges begannen sie, die Beachtung katholischer Sozialprinzipien öffentlich einzufordern.

1919 schickte der Erzbischof von Milwaukee, Sebastian Messner, ein gebürtiger Schweizer, seinen Priester Alois Muench zum Aufbaustudium nach Fribourg (Schweiz). Der in seinen älteren Jahren vergeßlich gewordene Oberhirte hatte es versäumt, ihm finanzielle Mittel für Überfahrt und Unterhalt anzuweisen. Auch in der Diözesanverwaltung blieb dieses Versäumnis unbeachtet. Muench war zu bescheiden, um auf seine Mittellosigkeit hinzuweisen. Einige Laienfreunde halfen ihm und finanzierten die Überfahrt. Die Hauptlast seines Unterhalts in Europa mußte Muench jedoch selbst tragen. Neben seinem Studium arbeitete er als Dolmetscher und als Europa-Korrespondent für amerikanische Presseorgane, insbesondere für das von dem Jesuitenpater Richard H. Tierney herausgegebene Magazin „America".

Das Elend vieler Menschen nach dem Ersten Weltkrieg beeindruckte Muench. Zusammen mit anderen Studenten aus Deutschland und Österreich gründete er eine Initiative zur Unterstützung der Kriegsopfer. Um Möglichkeiten der Hilfe auszuloten, kam Muench als Vertreter dieser Gruppe auch nach München und traf dort einen Mann, der seinen Lebensweg – wie wir gesehen haben – entscheidend beeinflußte und der ihm in späteren Jahren herzlich verbunden war: Eugenio Pacelli, den späteren Papst Pius XII., seit 1917 Apostolischer Nuntius in Bayern.

Im Juli 1921 wurde Muench in Fribourg zum Doktor der Sozialwissenschaften promoviert. Um weitere Universitäten kennenzulernen, durfte er danach noch sechs Monate in Europa bleiben. Er besuchte die London School of Economics, die Sorbonne in Paris sowie die Universitäten von Grenoble, Löwen und Cambridge.

Nach Milwaukee zurückgekehrt, wurde Muench zum Hochschullehrer am Priesterseminar seiner Diözese berufen. Die Lehrtätigkeit bereitete ihm so große Freude, daß er später seine sieben Professorenjahre (1922 bis 1929) als die glücklichsten seines Lebens bezeichnete. Muench bemühte sich, das Studium am Saint Francis-Seminar von seinen Erfahrungen in Madison und in Europa profitieren zu lassen. Er führte Seminare ein, in denen er die Lektüre von Primärquellen pflegte sowie Forschungsmethoden darlegte. Muench wollte auf diese Weise das Kleben an Textbüchern zurückdrängen, das dort bisher den Unterricht in katholischer Theologie geprägt hatte. Sondervorträge sollten den Vorlesungsplan auflockern, Spezialkurse der wissenschaftlichen Weiterbildung von Priestern und Laien dienen.

Daß der Hochschullehrer Muench nicht nur wissenschaftliche Qualifikationen sondern auch ein beachtliches Organisationstalent besaß, war seinem neuen Erzbischof Samuel A. Stritch nicht verborgen geblieben. 1929 – im Jahr des Schwarzen Freitags an der New Yorker Wall Street – ernannte der Oberhirte Muench zum Rektor des Saint Francis-Seminars. Nun lasteten neben – einge-

Alois Muench mit seinen Eltern anläßlich seiner ersten Bischofsmesse in Milwaukee (16. Oktober 1935).

schränkter – Lehrtätigkeit auch die Verwaltungsaufgaben und die Finanzverantwortung eines Hochschulrektors auf Muenchs Schultern. Im Amerika der Depressionsjahre war dies kein leichtes Gepäck.

Am 2. August 1935 erhielt Muench einen Brief des Apostolischen Delegaten in Washington DC, Erzbischof Amletto Giovanni Cicognani.[41] Der Vertreter des Papstes in Washington ließ Muench wissen, daß der Heilige Vater ihn zum Bischof der Diözese Fargo im Bundesstaat North Dakota zu ernennen beabsichtige.

In einer ersten Reaktion wollte Muench den Ruf ablehnen. Seine Aufgabe in der Priesterausbildung erfüllte ihn, und er wollte sie weiterführen. Sein Erzbischof Stritch jedoch, mit hoher Wahrscheinlichkeit der Initiator des Berufungsvorschlags, drängte ihn energisch dazu, anzunehmen: „Wenn der Heilige Vater ruft, lehnen wir nicht ab."[42] Muench telegraphierte seine Zustimmung und übernahm die Leitung einer Diözese, die ihm völlig fremd war.

North Dakota, ein in den „Northern Plains" an der Grenze zu Kanada gelegener Bundesstaat der USA, ist landwirtschaftlich – vor allem durch den Anbau von Weizen, Roggen und Gerste – geprägt und dünn besiedelt (rd. 650 000 Einwohner). Kirchenrechtlich ist der Staat mit weitgehend gradlinigen Grenzen in zwei Diözesen gegliedert: in eine östlich gelegene Diözese mit der Hauptstadt Bismarck als Bischofssitz und die Diözese Fargo.

Die Diözese Fargo umfaßt 92 687,74 km². Sie ist damit mehr als viermal so groß wie das deutsche Bundesland Hessen (21 112 km²). 1935 lebten in diesem Kirchenbezirk 69 871 Katholiken: 63 673 Weiße und 6 198 Indianer aus den Stämmen der Sioux und der

---

[41] Barry, FN 6, S. 29.
[42] Barry, FN 6, S. 29.

Chippewa. In 102 Pfarreien wurden sie von 127 Diözesan- und acht Ordenspriestern betreut.

Als Muench 1935 die Hirtensorge für die Diözese Fargo übernahm, befand sich der Bundesstaat North Dakota in großer Not. Der depressionsbedingte Preisverfall landwirtschaftlicher Produkte, Bodenerosion durch Umwelteingriffe, eine zehn Jahre anhaltende Trockenheit und eine Heuschreckenplage hatten viele Farmen ruiniert. Mehr als ein Drittel der Bevölkerung mußte von knapp bemessenen Sozialhilfeleistungen leben. North Dakota war in den dreißiger Jahren ein Bundesstaat mit abnehmender Bevölkerung. Die Suche nach Arbeit und Auskommen trieb viele – Unselbständige ebenso wie ehemalige Farmer – in andere Gegenden der USA.

Bischofskirche St. Mary und Bischofshaus in Fargo (North-Dakota).

Die Diözese Fargo und ihre Pfarreien drohten an ihrer Zinslast zu ersticken. Nur an 8 der 102 Pfarrer konnte ihr monatlicher Sold von $100 voll ausgezahlt werden. Muench bat deshalb einen guten Freund aus Milwaukee, einen leitenden Mitarbeiter der Northwestern Mutual Life Insurance Company, um einen kurzfristigen Kredit für seine Diözese. Der Freund zeigte dem designierten Bischof eine Landkarte der Vereinigten Staaten. Der Vorstand der Northwestern Mutual Life hatte sie durch unterschiedliche Farbgestaltung, die das regionale Kreditausfallrisiko dokumentierte, zum Mittel der Bonitätsanalyse ausgestaltet. Rot signalisierte Kreditunwürdigkeit. Die Fläche North Dakotas war einheitlich rot. Das „Rating" war für diesen Bundesstaat insgesamt negativ. Der Freund durfte dem Bischof nicht helfen.

Der Apostolische Delegat in den Vereinigten Staaten von Amerika, Erzbischof Amleto Giovanni Cicognani, weihte Muench am 15. Oktober 1935 in Milwaukee zum Bischof. In der Bischofskirche seiner neuen Diözese wurde er am 6. November 1935 inthronisiert.

Muench ging mit Feuereifer an die Arbeit. Die Zahlungsunfähigkeit vieler Pfarreien seiner Diözese überwand er durch die Gründung des „Catholic Church Expansion Fund". Dieses diözesane, von Wirtschaftsprüfern überwachte Sondervermögen befreite die einzelnen Pfarreien, Schulen und Krankenhäuser von der Notwendigkeit je eigener Kreditaufnahmen. Muench gelang es, das Vertrauen von Anlegern in diesen diözesanen Fonds zu erwerben. Der Fonds zahlte niedrigere als die marktüblichen Zinsen und ermöglichte so eine zinsgünstige Umschuldung der kirchlichen Einrichtungen und allmählich auch neue Investitionen.

Falsch wäre es jedoch, die Verdienste Muenchs vornehmlich oder gar ausschließlich im Bereich der Finanzwirtschaft zu suchen, so dringlich und fundamental die Sanierungsaufgabe auch war und so erstaunlich erfolgreich er sie bewältigte.

In allen seinen Ämtern bildete vielmehr die Seelsorge das Leitmotiv und das eigentliche Ziel seines priesterlichen Dienstes. Der deutschstämmige Bischof aus Wisconsin war für seine Diözesanen ein frommer und eifriger Hirte. Noch im ersten Amtsjahr besuchte er alle Pfarreien seines weiträumigen Bistums. Mit den Menschen sprach er über ihre Arbeit und fuhr mit ihnen über die weiträumigen Felder. Um die Weckung geistlicher Berufe kümmerte er sich ebenso wie um die alten Pfarrer.

Als erster nordamerikanischer Bischof wandte sich Muench in Fastenhirtenbriefen (annual pastorals) an seine Gläubigen. Zwei dieser bischöflichen Botschaften fanden im Deutschland der Nachkriegsjahre, ja in der gesamten westlichen Welt, große Beachtung. Von ihnen wird noch die Rede sein.[43]

Vierundzwanzig Jahre lang bildeten diese Fastenhirtenbriefe, die er auch in Kronberg und später in Bonn persönlich verfaßte, eine Brücke zwischen dem Bischof und seinen Gläubigen in der nordamerikanischen Prärie. Denn unbeschadet seiner Aufgaben in Deutschland blieb Muench kirchenrechtlich Bischof von Fargo. Erst als er zum Kurienkardinal berufen wurde, mußte er auf seinen Bischofssitz in North Dakota verzichten. Es war – wie er sagte – die schmerzhafteste Entscheidung seines Lebens. Er hatte sein Bistum liebgewonnen.

1939 gründete Muench die Catholic Action News, eine Monatszeitschrift seiner Diözese, die binnen kurzem eine – nach dem Maß

---

[43] Vgl. Anhang I und II.

der diözesanen Katholikenzahl – außerordentlich hohe Auflage von 15 000 Exemplaren erreichte. Auch während seiner deutschen Zeit schrieb Muench regelmäßig Beiträge für dieses Blatt.

Daß sich der Bischof aus einem der Korn-Bistümer Nordamerikas nationalen, die Grenzen seines Bistums überschreitenden Aufgaben nicht verschloß, sei nur am Rande erwähnt. Hier sollen seine Mitarbeit in der National Rural Life Conference, einer Vereinigung, welche die Sorgen der in der Landwirtschaft tätigen Menschen aus der Sicht der katholischen Soziallehre beleuchtete, und im Catholic Central Verein of America hervorgehoben werden. Dieser 1854 gegründete Zusammenschluß deutschstämmiger Katholiken in den USA erwies sich als eine der wesentlichen Stützen des Hilfswerks für Deutschland, das Muench von Kronberg aus ins Werk setzte.

Im Mai 1946 ernannte Pius XII. – wie wir schon wissen – den Bischof von Fargo zum Apostolischen Visitator in Deutschland ad interim. Während seiner Arbeit in unserem Land bezeichnete sich Muench oft – nachdenklich – als „the fair haired boy of divine providence", als einen auserwählten Sohn der göttlichen Vorsehung.[44] Muench dachte an die bisherigen Stationen seines Lebensweges. Selbst wenn er die Berufung in das kriegszerstörte Deutschland und das dortige Anforderungsprofil eines Apostolischen Visitators gekannt hätte, welcher Personalberater hätte Muenchs Ausbildung gezielter zu planen vermocht? Das Beherrschen der deutschen Sprache, die Studienjahre in Europa, die dort gewonnenen Erfahrungen in der Welt des Journalismus, die Sanierung einer schwierigen Diözese, die Kontakte zu zahlreichen Priestern, Oberhirten und einflußreichen Laien in den USA: sie bildeten in der Tat ein ausgezeichnetes Fundament für die Arbeit, die er von Kronberg aus geleistet hat. In Bonn allerdings warteten dann neue Probleme auf ihn.

Über den Inhalt der Kronberger Arbeit wird an anderen Stellen dieses Buches berichtet.

Hier setzen wir die Lebensgeschichte Muenchs mit dem 4. April 1951 fort. An diesem Tag übergab Muench dem ersten Präsidenten der Bundesrepublik Deutschland, Professor Dr. Theodor Heuss, sein Beglaubigungsschreiben als Apostolischer Nuntius in Deutschland.

---

[44] Barry, FN 6, S. 18.

Es ist bereits gesagt, daß Muench aus diesem Anlaß erkennen ließ, der Vatikan gehe weiterhin von der Einheit Deutschlands aus und beabsichtige nicht, einen eigenen Nuntius nach Ost-Berlin zu entsenden. Muench sagte auch – und dies gewiß auf persönliche Weisung Pius XII. – der Heilige Stuhl halte sich an die „fortdauernde Geltung" jener feierlichen Sonderverpflichtung gebunden, die er „in Sonderverträgen mit deutschen Regierungen übernommen hat".

„Eure Excellenz", erwiderte der Bundespräsident, „können bei der Erfüllung der hohen Aufgaben, die Sie erwarten, meiner und der Bundesregierung Aufmerksamkeit und Unterstützung gewiß sein, und eingedenk der vertraglichen Vereinbarung, die frühere Regierungen mit dem Heiligen Stuhl eingegangen sind und an deren Fortbestand für das gesamte deutsche Gebiet auch die Bundesrepublik festhält". [45]

Jedermann wußte, welche vertraglichen Vereinbarungen gemeint waren: Die mit Bayern, Preußen und Baden geschlossenen (Länder-)Konkordate und vor allem: das Konkordat zwischen dem Heiligen Stuhl und dem Deutschen Reich vom 20. Juli 1933 (Reichskonkordat).[46]

Pius XII. und sein Staatssekretariat erwarteten, daß der neue Nuntius zur uneingeschränkten Anwendung des Reichskonkordats auf allen staatlichen Ebenen der Bundesrepublik beitragen möge. Die wohlwollenden Worte des Bundespräsidenten konnten nämlich nicht darüber hinwegtäuschen, daß die Geltung dieses völkerrechtlichen Vertrages in der jungen Bundesrepublik heftig umstritten war.

Mit dem ihm eigenen Fleiß arbeitete sich Muench in die Probleme des deutschen Staatskirchenrechts ein. Es war dem Bischof aus den USA – einem Land mit strikter Trennung von Staat und Kirche – fremd. Der Rat Ivo Zeigers, der ihm krankheitsbedingt nicht nach Bonn folgen konnte, fehlte ihm sehr.

Mitglieder des vatikanischen diplomatischen Dienstes, die der Berufung eines Diözesanbischofs zum Leiter einer wichtigen Nun-

---

[45] Zitiert nach: Schuller, Franz, Das grundsätzliche Verhältnis von Staat und Kirche nach dem Reichskonkordat vom 20.7.1933, in: Archiv für katholisches Kirchenrecht, 128. Band, Mainz 1957, S. 13–79 (42).
[46] RGBl II 1933, S. 679.

tiatur grundsätzlich wenig Geschmack abgewinnen konnten, hatten deshalb Zweifel an Muenchs Eignung gestreut.

Pius XII. jedoch hielt zum Bischof von Fargo und dieser besaß, ohne daß er sie bewußt geformt hätte, auch eine Hausmacht. Es waren der deutsche Episkopat und nicht wenige hochrangige deutsche Politiker, die den Papst baten, Muench in Deutschland zu belassen.

Die Debatte über die Weitergeltung des Reichkonkordats wurde nicht nur mit Rechtsargumenten geführt. Sie war emotional aufgeladen. Die Emotionen nährten sich aus der Entstehungsgeschichte dieses völkerrechtlichen Vertrages. Sein Abschluß im Jahr der „Machtergreifung" Hitlers 1933 habe, so wurde argumentiert, ungewollt zwar, aber de facto den Widerstand der deutschen Katholiken gegen die Hitlerregierung geschwächt und dieser über den Kreis der Katholiken hinaus zu Ansehen verholfen. Diese – allerdings nur kurzfristige – Wirkung des Konkordatsabschlusses kann nicht geleugnet werden.

Anzumerken ist, daß sich der Vatikan in der Konkordatsfrage im Frühjahr 1933 in einem Dilemma befunden hatte. Die nationalsozialistische Weltanschauung lehnte er ab und mußte gleichzeitig befürchten, daß eben diese Doktrin das Verwaltungshandeln der Reichsregierung je länger je mehr bestimmen könnte. Hätte er in dieser Situation die ihm von der neuen Reichsregierung angebotene völkerrechtliche Garantie wichtiger kirchlicher Anliegen zurückweisen sollen? Mit der Kaltschnäuzigkeit, mit der Hitler völkerrechtliche Verpflichtungen als Blätter Papier – und so auch das Konkordat – zu mißachten beliebte, hatte der Papst im Sommer 1933 nicht rechnen können.[47]

Der juristisch-politische Kern des Streits lag in der Frage, ob dieser mit dem Heiligen Stuhl geschlossene völkerrechtliche Vertrag – seine grundsätzliche Weitergeltung unterstellt – auch für die Länder unseres durch das Grundgesetz geschaffenen Bundesstaates verbindlich sei.

Die katholische Kirche war damals an einer solchen Bindung in hohem Maße interessiert, weil sie ihr – unter Berufung auf Artikel 23 des Konkordats – die Wiedereinführung von Konfessionsschu-

---

[47] Vgl. dazu Schatz, Klaus, Zwischen Säkularisation und zweitem Vatikanum, Frankfurt a. M. 1986, S. 241–253; Kern, Eduard, Das Reichskonkordat, in: Deutsches Verwaltungsblatt 69. Jhg. 1954, S. 449–451.

len notfalls auch gegen den politischen Willen eines Landesgesetzgebers ermöglicht hätte.

Das niedersächsische Schulgesetz vom 14. September 1954 beachtete die Vorgabe des Reichskonkordats nicht. Die Bundesregierung beantragte daraufhin, das Bundesverfassungsgericht möge feststellen, daß dadurch das Recht des Bundes auf Respektierung eines für die Bundesrepublik Deutschland verbindlichen internationalen Vertrages durch ein Bundesland, hier das Land Niedersachsen, verletzt worden sei.

In seinem Urteil vom 26. März 1957 stellte das Bundesverfassungsgericht fest, das Reichskonkordat sei gültig zustande gekommen und binde die Bundesrepublik Deutschland – also Bund und Länder – weiterhin. Da das Grundgesetz jedoch die Kulturhoheit ausschließlich den Ländern zugeordnet habe, sei der Bund rechtlich nicht in der Lage diese, also auch nicht das Land Niedersachsen, zur Einhaltung der Schulbestimmungen des Konkordats zu zwingen.[48]

Die Kirche empfand diese Entscheidung als Niederlage. Der Ausgang des Verfahrens könne aber keinesfalls dem Nuntius angelastet werden, meinte der damalige Vorsitzende der Fuldaer Bischofskonferenz Josef Kardinal Frings.[49] In der Tat: Muench hatte sich redlich bemüht; und – welcher andere Nuntius hätte die vatikanischen Argumente mit größerer persönlicher Glaubwürdigkeit vorzutragen vermocht als er, dessen Verdienste um unser Volk schon damals bekannt und allseits unbestritten waren?

Die kirchlichen Funktionen eines Nuntius erfüllte Muench mit Freude und Tatkraft. Unter seiner Mitwirkung wurden 25 deutsche Bischofsstühle neu besetzt und 13 Weihbischöfe ernannt. Mit der nordrhein-westfälischen Landesregierung führte er Verhandlungen zur Gründung des Bistums Essen, die 1956 abgeschlossen werden konnten. Der Nuntius vertrat den Papst auf den Katholikentagen, gerne weihte er Priester. Die in der Una-Sancta-Bewegung tätigen Geistlichen nahm er gegen gelegentliche Verdächtigungen in Schutz.[50]

Die Währungsreform vom 20.6.1948, die parallel zu ihr durch Ludwig Erhard eingeleitete Änderung der Wirtschaftsordnung und

---

[48] BVerfGE 6, S. 309–367.
[49] Barry, FN 6, S. 203.

der Marshallplan führten zu einer wirtschaftlichen Erholung Westdeutschlands.

Die Lage in der Deutschen Demokratischen Republik (DDR) blieb desolat. Muench jedoch fand Wege, um den dortigen Katholiken – weniger als 10% der Bevölkerung – Hilfe zukommen zu lassen.

Während seiner Kronberger Zeit war Muench das Betreten des Territoriums der DDR strikt untersagt. Als Bonner Nuntius durfte er die DDR zur Teilnahme an zwei religiösen Festen für insgesamt acht Tage betreten: 1954 zur Mitwirkung an der 1200-Jahrfeier des Märtyrertodes des Heiligen Bonifatius, 1957 zum Besuch der Veranstaltung anläßlich des 750. Geburtstages der Heiligen Elisabeth von Thüringen. Sein Besuch im Jahre 1954 wurde zu einer machtvollen Demonstration des Glaubens und des Widerstandes. Am 23. Mai 1954 feierte Muench in Erfurt eine Messe auf den Stufen von Dom und Severikirche. Unter den Augen der kommunistischen Staatsmacht nahmen mehr als 70 000 Menschen an diesem Gottesdienst teil.

Bei ihnen fühlte er sich immer wohl. Der Apostolische Visitator Muench nach einer Bischofsmesse mit Jugendlichen.

Am 16. Oktober 1959 gab Johannes XXIII., der ein Jahr zuvor als Nachfolger Pius XII. zum Papst gewählt worden war, die Aufnahme des Erzbischofs Muench in das Kollegium der Kardinäle bekannt. Für den Dienst in der Verwaltung des Papstes vorgesehen, wurde er zum ersten amtierenden nordamerikanischen Kurienkardinal.[51] In einem öffentlichen Konsistorium überreichte der Papst dem Bonner Nuntius am 17. Dezember 1959 den roten Kardinalshut.

---

[50] Am 31. Juli 1956 vollzog Muench die erste Jesuitenpriesterweihe im Frankfurter Kaiserdom. Geweiht wurden u. a. die Frankfurter Patres Ludwig Bertsch und Norbert Lohfink, die später als Hochschullehrer an der Frankfurter Hochschule St. Georgen wirkten.

Abschied aus Deutschland: Bundespräsident Prof. Dr. Theodor Heuss verleiht Erzbischof Muench das Große Verdienstkreuz des Verdienstordens der Bundesrepublik Deutschland mit Stern und Schulterband.

Die Erhebung Muenchs in den Kardinalsstand beinhaltete zweierlei: den Dank des neuen Papstes für die Leistung Muenchs, die der neue Papst als Nuntius in Paris zu beobachten Gelegenheit hatte.[52] Die Auszeichnung des deutschen Nuntius war auch eine nicht zu unterschätzende Anerkennung für die junge Bundesrepublik.

Die deutschen Bischöfe ermöglichten aus ihren Mitteln dem knapp besoldeten und stets bescheiden lebenden Muench den Erwerb der Kardinalskleidung und den Umzug nach Rom. Die Bundesregierung schenkte ihm zum Abschied einen „Mercedes". Das Auto wurde zum wertvollsten Teil seines persönlichen Eigentums. Der Kardinal benutzte es auf seinen Fahrten durch die Ewige Stadt. Es blieb eine Erinnerung an seine deutschen Jahre.

---

[51] Samuel Kardinal Stritch, der Erzbischof von Chicago, ein Freund Muenchs, war zuvor an die römische Kurie berufen worden. Er starb jedoch 1958 bevor er seinen Dienst hatte antreten können.

[52] Erzbischof Angelo Giuseppe Roncalli, der spätere Papst Johannes XXIII., war 1945–1953 Apostolischer Nuntius in Frankreich.

Niemand im Vatikan erwartete von dem nunmehr siebzig Jahre alten Muench, daß er in der Kurie als tatkräftiger Anreger neuer Entwicklungen wirken werde. Seine Gesundheit war erheblich geschwächt.
Muenchs Erfahrungen jedoch waren gefragt. Pflichtbewußt arbeitete er als Mitglied dreier Kardinals-Kongregationen und seit 1961 in der zentralen Kommission zur Vorbereitung des Zweiten Vatikanischen Konzils.
Kardinal Muench wohnte im Salvatore Mundi Krankenhaus auf dem Hügel des Janiculus im römischen Stadtteil Trastevere. Er fühlte sich einsam in der Ewigen Stadt und lebte sichtlich auf, wenn amerikanische oder deutsche Freunde, etwa der Bischof von Berlin, Julius Kardinal Döpfner, dessen Laufbahn er auf Anraten Zeigers gefördert hatte, ihn besuchten.

Die römische Kirche ehrt ihren verstorbenen Kardinal. Pontifikalrequiem für Alois Muench am 19. Februar 1962 im Petersdom.

Muench starb am 15. Februar 1962 nach kurzem Krankenlager. Sein Leichnam wurde in der Peterskirche aufgebahrt. Dort feierte am 19. Februar 1962 die römische Kirche ein Pontifikalrequiem für den Zeitungsjungen aus Milwaukee, für den frommen, bescheidenen Priester, für den Helfer der Deutschen – für ihren Kardinal. Papst Johannes XXIII. zelebrierte die Eucharistiefeier. 37 Kardinäle, zahlreiche Bischöfe und Priester, insgesamt mehr als 2000 Personen nahmen an diesem Gottesdienst teil. Bestattet wurde Muench am 23. Februar 1962 – seinem Wunsch entsprechend – auf dem Friedhof zum Heiligen Kreuz in Fargo, in der amerikanischen Prärie, in „seiner Diözese".

J. Anthony Panuch, ein Sonderberater des Generals Lucius D. Clay während dessen Zeit als Militärgouverneur in Deutschland, schrieb zum Tode des Kardinals: „Wenn ich nach dem Namen der vier Männer gefragt würde, die in den letzten 15 Jahren das meiste getan haben, um eine dauerhafte Brücke der Verständigung zwischen dem amerikanischen und dem deutschen Volk zu bauen, ich würde sie in der folgenden Rangfolge benennen: Bischof Muench, General Clay, Konrad Adenauer und John McCloy."[53]

Pater Ivo Zeiger SJ

Ivo Aloysius Zeiger wurde am 29. April 1898 in Mömbris geboren. Er hatte fromme und fleißige Eltern. Sein Vater, Karl Zeiger, arbeitete als selbständiger Schneidermeister. Seine Mutter Adelheid, geb. Fischer, kümmerte sich um den Haushalt und um ihren Sohn, der nach dem Namen seines Taufpaten Ivo gerufen wurde. Im Jahr 1903 wurde den Eltern ein zweiter Sohn – Franz Josef – geschenkt. Er wurde nur achtzehn Monate alt.

Mömbris, die Heimatgemeinde Zeigers, liegt an der Kahl, einem Nebenfluß des Mains, in der nordwestlichen Ecke Bayerns, unweit der Stadt Aschaffenburg. Kirchenrechtlich gehört Mömbris zur Diözese Würzburg. Im Geburtsjahr Zeigers hatte Mömbris etwas mehr als 500 Einwohner. Sie waren nahezu ausnahmslos katholisch.

Die Volksschule besuchte Ivo in seinem Heimatdorf von 1905 bis 1910. Er war ein hervorragender Schüler, zu einem Einzelgänger entwickelte er sich deshalb nicht. Keineswegs verzärtelt war er Bubenstreichen nicht abgeneigt und wie Zeitgenossen berichten, an den Dorfschlachten Jugendlicher nicht nur passiv beteiligt.

1910 schickten ihn seine Eltern in die dritte Klasse des Humanistischen Gymnasiums zu Aschaffenburg. Von 1911 bis 1914 besuchte er das Würzburger Neue Gymnasium, um im Knabenseminar der Bischofsstadt wohnen zu können. Danach kehrte er in seine Aschaffenburger Schule zurück. Dort bestand er 1917 – als Soldat – die Reifeprüfung.

Seit August 1914 befand sich das Deutsche Reich im Krieg. Ivo Zeiger hatte sich freiwillig zum Wehrdienst gemeldet und war 1916 – achtzehnjährig – eingezogen und nach einer Ausbildung als In-

---

[53] Barry, FN 6, S. 284.

fanterist in Germersheim einer Maschinengewehrabteilung zugeteilt worden.
An der Westfront lernte er die Härte des Krieges kennen. Er erlitt eine Gasvergiftung. Granatsplitter verletzten seinen rechten Oberarm. Ernüchterung erfüllte den Kriegsfreiwilligen, der ein tapferer Soldat war. Obwohl er seine Eltern nicht beunruhigen wollte, ließen die Feldpostkarten, die er ihnen schickte, eben diesen Sinneswandel erahnen.[54]
Im Sommer 1918 nahm Zeiger an einem Übungskurs für Reserveoffiziers-Aspiranten in Grafenwöhr teil. Nach dessen Abschluß wurde er im September 1918 zum Vizefeldwebel und Leutnant der Reserve befördert. An die Front zurückgekehrt geriet er alsbald in englische Kriegsgefangenschaft. Erst im Februar 1920 wurde er – von der Härte des Gefangenendaseins gezeichnet – in die Heimat entlassen.

Ivo Zeiger mit seinen Eltern in Mömbris.

Ivo Zeiger wollte Jesuit werden. Er hatte sich zu diesem Beruf im Jahre 1917 entschlossen. Zeiger selbst schrieb dazu: „Den Beruf zur Societas Jesu empfing ich durch Bücher als Verwundeter. Einen Jesuiten hatte ich bis zu meiner „Aufnahmeprüfung" persönlich nicht gekannt."[55]
Die Analogie zum Gründer seines Ordens liegt auf der Hand. Auch der bei der Belagerung von Pamplona schwer verwundete Ignatius von Loyola hatte seine Berufung während eines Krankenlagers erkannt, als er in Heiligenlegenden las.

---

[54] Grün, Karl, Private Erinnerungen an Ivo Zeiger, Jesuitenpater aus Mömbris, in: Unser Kahlgrund, hrsg. von der Arbeitsgemeinschaft Heimatforschung Kahlgrund, Alzenau 1999, S. 201–207 (205).
[55] Zeiger, Ivo, Mein Leben (Sein Leben von ihm selbst erzählt), in: Festschrift Mömbris, Mömbris 1952, o. S.

Bevor Zeiger sich jedoch am 5. April 1921 beim Pförtner des Jesuiten-Noviziats in Feldkirch (Vorarlberg) meldete, hatte er zwei Semester Rechtswissenschaft an der Würzburger Universität studiert. Damit war er dem Rat seines Onkels und Taufpaten, des Würzburger Domvikars Ivo Fischer, gefolgt. Dieser unterstützte Zeigers Wunsch, Jesuit zu werden, schlug ihm jedoch vor, zunächst eine Bedenkzeit einzulegen.

Als Student der bayerischen Julius-Maximilians-Universität war Ivo Zeiger Mitglied einer Studentenverbindung. In der innenpolitisch unsicheren Atmosphäre des Jahres 1920 diente er in einem Freikorps zum Schutz der Republik.[56]

Nach Beendigung des Noviziats schickten ihn seine Oberen zum Studium an die Leopold-Franzens-Universität in Innsbruck. Während sieben ruhiger aufeinander folgender Studienjahre wohnte er im Jesuitenkolleg der Tiroler Landeshauptstadt. Abweichend vom Ordensbrauch durfte er seine philosophischen und theologischen Studien ohne Unterbrechung absolvieren.

Der unterfränkische Jesuitenstudent war bescheiden, und dennoch erregte er Aufmerksamkeit: durch Intelligenz, Fleiß, Formulierungskraft und durch die Fähigkeit, sich auf die wesentlichen Aspekte eines Problems zu konzentrieren. Und als er bei der Preisarbeit „Die Souveränität des Heiligen Stuhles nach Dogma, Kirchenrecht und Völkerrecht", welche die theologische Fakultät seiner Universität zur Bearbeitung ausgeschrieben hatte, an der Spitze aller Teilnehmer lag, war für seine Oberen klar – Ivo Zeiger sollte Hochschullehrer werden.

Noch vor Abschluß seiner theologischen Studien weihte ihn der Münchener Erzbischof Michael Kardinal von Faulhaber am 29. Juli 1928, seinem 30. Geburtstag, in der Kapelle des Berchmans-Kollegs in Pullach bei München zum Priester. Am darauffolgenden Sonntag feierte er sein erstes Meßopfer in der Pfarrkirche St. Cyriakus seiner Heimatgemeinde Mömbris.

---

[56] In Würzburg hatten am 9. 4. 1919 Spartakisten vorübergehend die Macht ergriffen. Die von einem breiten demokratischen Bündnis getragenen Freikorps dienten dem Schutz der republikanischen Regierung. Vgl. Köttnitz-Porsch, Bettina, Novemberrevolution und Räteherrschaft 1918/19 in Würzburg, Würzburg 1985.

1929 schickten ihn dann seine Vorgesetzten zu einem zweijährigen Studium des Kirchenrechts an die Gregoriana, die berühmte, durch Ignatius von Loyola gegründete und noch heute von Jesuiten geleitete päpstliche Universität. Zum Abschluß seiner Studien – im Mai 1931 – erwarb er zwei akademische Grade. An der theologischen Fakultät der Universität Innsbruck wurde er zum Doktor der Theologie und an der kanonistischen Fakultät der Gregoriana zum Doktor des Kirchenrechts promoviert.

Unmittelbar danach wurde ihm, dem nunmehr Dreiunddreißigjährigen, der neuerrichtete Lehrstuhl für die Geschichte des Kirchenrechts an der letztgenannten Hochschule übertragen – ein ungewöhnlicher Vertrauensbeweis.

Ein zweibändiges Repetitorium der Geschichte des Kirchenrechts[57] sowie Aufsätze in Fachzeitschriften[58] sind bleibende Nachweise seiner wissenschaftlichen Arbeit. Zeiger verstand das Kirchenrecht als theologische Disziplin.

Ivo Zeiger (untere Reihe, zweiter von links) im Sommer 1914 mit den Klassenkameraden des Neuen Gymnasiums zu Würzburg.

---

[57] Zeiger, Ivo, Historia iuris canonici, Vol. primum, Rom 1939; Vol. secundum, Rom 1940.
[58] Z. B. Zeiger, Ivo, Professio super altare, in: Analecta Gregoriana, Vol. VIII (Miscellanea Iuridica) Rom 1935, S. 161–185.

Hauptgebäude der päpstlichen Universität Gregoriana (Aufnahme aus dem Jahr 1930).

Sein Aufsatz „Römisches Recht – Germanisches Recht", den er 1933 in Deutschland veröffentlichte, griff in die rechtspolitische Diskussion der damaligen Zeit ein.[59] Die im Deutschen Reich an die Macht gekommenen Nationalsozialisten hatten nämlich die Forderung nach „Ersatz für das der materialistischen Weltordnung dienende römische Recht durch ein deutsches Gemeinrecht" in ihr Parteiprogramm geschrieben.

Zeiger dämpfte die Erwartungen der neuen Machthaber. Das römische Recht, so schrieb er, sei in Bezug auf die Schärfe und Klarheit seiner Formulierungen sowie der Eignung seiner Begriffe für den modernen Wirtschaftsverkehr dem germanischen überlegen. Andere Aspekte der germanischen Tradition – etwa die genossenschaftliche Gebundenheit individueller Rechte – hob er jedoch lobend hervor.[60]

---

[59] Zeiger, Ivo, Römisches Recht – Germanisches Recht, in: StiZ 125. Bd., 1933, S. 379–387.
[60] Vgl. auch Zeiger, Ivo, Kulturwende und katholische Weltauffassung, Frankfurt a. M. 1946, S. 7f. Dort rühmte Zeiger das in das mittelalterliche Ordnungsgefüge eingebaute Genossenschaftsrecht.

Zeiger ermahnte die „Reformer", die sittlichen Fundamente jeder Rechtsordnung – eben auch der germanischen – nicht außer Acht zu lassen. „Das altdeutsche Recht ruhte notwendig auf den Tugenden der Wahrhaftigkeit, Treue, Vertrauen, Gefolgschaft und Abscheu vor jeder Meintat. Ohne sie war es nicht einmal lebensfähig zu denken. Alles Wirken gegen die Volksfremdheit unserer Gesetze, aller Aufbau eines deutschen Rechtes werden unwirksam bleiben, wenn es nicht gelingt, jene Grundtugenden wieder zu pflanzen."

Und Zeiger scheute sich nicht, im Jahr des Ermächtigungsgesetzes und der beginnenden Gleichschaltung, die Inkonsequenz des neuen deutschen Führerstaates aufzuzeigen. „Vielleicht ist der moderne Staat gezwungen", so führte er aus, „in zentralistisch-absolutistischer Form mit dem rücksichtslosen Anspruch auf Totalität aufzutreten. „Geist vom germanischen Recht", so fügte er schneidend hinzu, „ist das nicht."

Die Berufung Zeigers auf einen kirchenrechtlichen Lehrstuhl der Gregoriana erwies sich alsbald als Quantensprung. Der Jesuit aus dem unterfränkischen Kahlgrund geriet gleichsam in ein anderes energetisches System. Er gelangte ins Blickfeld des vatikanischen Staatssekretariates und seines damaligen Leiters, des Kardinals Eugenio Pacelli. Im Jahre 1933 begann Zeiger für ihn – insbesondere in Konkordatsfragen – gutachterlich tätig zu werden.

Dabei entdeckte der spätere Papst Zeigers Eignung für Sonderaufgaben. 1935 traf er – wohl nicht ohne Wissen Pacellis – den ehemaligen deutschen Reichskanzler Heinrich Brüning in der Schweiz. Dieser hielt übrigens den jungen Professor für den „klügsten Mann im Vatikan."[61]

Auch die Leiter der deutschen Provinzen seines Ordens wollten sich die wissenschaftlichen Fähigkeiten und die spirituellen Tugenden ihres Mitbruders zunutze machen. Im Wintersemester 1931/32 vertrat Zeiger das Fach Kirchenrecht an der Philosophisch-Theologischen Hochschule St. Georgen zu Frankfurt a. M.[62]

Dort betreute er 1937 auch die geistlichen Übungen (Exerzitien) für die Alumnen der Theologie. Am Ignatiuskolleg in Valkenburg

---

[61] Brüning, Heinrich, Briefe und Gespräche 1934–1945, Stuttgart 1974, S. 122.
[62] Löser, Werner SJ, St. Georgen 1926 bis 1951, Frankfurt a. M. 2001, S. 52.

(Niederlande) wirkte er in den Jahren 1937 bis 1939 zeitweise als Professor für Moral- und Pastoraltheologie.

1939 übertrug der Jesuitenorden Zeiger das Rektorat des Collegium Germanicum et Hungaricum. Das 1552 auf Betreiben des heiligen Ignatius von Loyola durch Papst Julius III. gegründete römische Priesterkolleg wahrte die Erinnerung an das erste Deutsche Reich. Studenten der Gregoriana aus den ehemaligen Ländern des Heiligen Römischen Reiches Deutscher Nation, also aus Deutschland, Österreich, Ungarn, Kroatien und der Schweiz, bietet es auch heute noch Wohnung und geistliche Heimat.

Daß das Germanicum für den kirchlichen Führungsnachwuchs dieser Länder die Funktion einer Kaderschmiede erfüllt, ist unbestreitbar. Zahlreiche deutschsprachige Kardinäle und Bischöfe waren „Germaniker". Entsprechend gewichtig und – wenn dieses Attribut für einen Jesuiten erlaubt ist – auch ehrenvoll ist die Position des jeweiligen Rektors; u. a. ist er geistlicher Vater der Bewohner – also Priesterbildner. Er prägt kirchlichen Führungsnachwuchs erheblich mit.[63] Der Jesuit aus Mömbris war ein herausragender Rektor. Mitbrüder sprachen von seinen ehemaligen Alumnen als der Zeigergeneration des Germanikums. Julius Kardinal Döpfner gehört dazu.

Für Ivo Zeiger jedoch bedeutete die Übernahme dieses Rektorates ein großes persönliches Opfer. „Er ahnte", so schrieben Mitbrüder nach seinem Tod, „daß dieser Ruf des Gehorsams für ihn die Trennung von der Gelehrtenarbeit bedeutete."[64] Und so war es. Seine Forschungsarbeit und die Betreuung von Dissertationen mußte er unverzüglich, die Vorlesungstätigkeit nach einigen Semestern des Übergangs, beenden.

Die auf dem Rektor Zeiger ruhende Last der geistlichen Führung von damals etwa hundert hochbegabten Alumnen und der Kollegorganisation wurde durch eine ungewöhnliche zusätzliche Aufgabe vergrößert. Er wurde zum Bauherrn. An der römischen Via Santo Nicola da Tolentino mußte ein neues Kolleggebäude für das Ger-

---

[63] Über die Rechtsstellung des Kollegs und die Aufgaben des Rektors hat Ivo Zeiger ein Merkbuch verfaßt, Vgl. Hillenbrandt, Karl, Merkbuch für den P. Rektor, in: Korrespondenzblatt, Rom 1978, S. 63–78.

[64] Naber, Alois u. Hillig, Franz, Ivo Zeiger SJ, in: Korrespondenzblatt, Rom 1953, S. 56.

manicum errichtet werden, und Zeiger trug dafür die Verantwortung. In den durch extreme Materialknappheit gekennzeichneten frühen vierziger Jahren – Italien war am 10. Juni 1940 an der Seite Deutschlands in den Krieg eingetreten – erwies sich gerade dieses Nebenamt als kräftezehrendes Abenteuer.

Am 8. Mai 1944 war der Neubau beendet. Einen knappen Monat später – am 6. Juni 1944 – marschierten die Alliierten in Rom ein. Um sie vor Kriegsschäden zu bewahren, hatten die deutschen Truppen die Ewige Stadt kampflos geräumt.

Die engen Verbindungen zur Kurie blieben auch während Zeigers Amtszeit als Rektor des Germanicums intakt, ja sie reichten nunmehr an die Spitze der Kirche.

Der römische Professor Zeiger mit seinem Patenonkel dem Würzburger Domkapitular Ivo Fischer.

Am 2. März 1939 war der Kardinalstaatssekretär Eugenio Kardinal Pacelli als Nachfolger Pius XI. zum Papst gewählt worden. Der neue Papst Pius XII. bestellte Robert Leiber, einen Mitbruder Zeigers, zu seinem Privatsekretär.

Beide schätzten den Rat Zeigers, und sie vertrauten ihm. Zeiger erfüllte manch heikle Aufgabe, von der Leiber offensichtlich wollte, daß sie im Vorfeld offizieller Kontakte geprüft oder erledigt werde.

Während des Krieges hatte Rechtsanwalt Dr. Josef Müller, der spätere Begründer der CSU, Ivo Zeiger mit dem evangelischen Theologen Dietrich Bonhoeffer bekannt gemacht. Beide führten, so berichtete Müller, „oekumenisch-freundschaftliche" Gespräche. Einmal traf sich in Zeigers Arbeitszimmer ein größerer Kreis, zu dem sich neben Bonhoeffer und Müller auch Hans von Dohnanyi, der Schwager Bonhoeffers eingefunden hatte.[65] Alle Besucher gehörten zum Widerstandskreis gegen Hitler, der sich um Admiral Wilhelm Canaris, den Chef der Auslandsabwehr der Deutschen

---

[65] Müller, Josef, Bis zur letzten Konsequenz, München 1975, S. 241.

Wehrmacht gebildet hatte. Bonhoeffer und von Dohnanyi wurden kurz vor Kriegsende ohne ordentliche Gerichtsverfahren von den Schergen Hitlers hingerichtet.

Im Dezember 1943 sprach Zeiger mit dem General der Waffen-SS Karl Wolff, dem „Höchsten SS- und Polizeiführer" in Italien. Nach dem Zusammenbruch der dortigen faschistischen Regierung im Sommer 1943 hatte Hitler diesen Vertrauten Heinrich Himmlers als Krisenmanager an die deutsche Südfront entsandt. Dem deutschen Botschafter am Vatikan, Ernst von Weizsäcker, gegenüber äußerte Wolff den Wunsch, „mit einem hohen Würdenträger des Vatikans über die Weltlage" zu sprechen. Zeiger erklärte sich zu einem Gespräch in den Räumen der deutschen Botschaft bereit. Der SS-General, der vorsichtig Friedensfühler ausstreckte, wurde am 10. Mai 1944 auch von Pius XII. empfangen. Zeigers Unterredung mit Wolff führte zur Freilassung eines alten, in deutscher Haft befindlichen slowenischen Kartäuserpriors. Ob es weitere Kontakte zwischen Zeiger und dem SS-Führer gab und ob gar die um wenige Tage „vorzeitige", Menschenleben schonende Kapitulation der deutschen Italienarmee dem Einfluß des Jesuiten zu danken ist, ist unbewiesen.[66]

Zeigers Hoffnung nach der Fertigstellung des Neubaus für das Germanicum in ein ruhigeres berufliches Fahrwasser zu gelangen, wurde nicht erfüllt. Unmittelbar nach der Besetzung Roms durch die Alliierten übertrug ihm der Papst die Aufgabe, in Zusammenarbeit mit dem italienischen Erzbischof Antonio Riberi die deutschen Kriegsgefangenen und Zivilinternierten auf italienischem Boden und in Afrika zu betreuen. Etwa 500 000 ehemalige deutsche Soldaten in amerikanischer und britischer Hand waren in Lagern an den Küsten der Adria und des Tyrrhenischen Meeres untergebracht. Zeiger, der das Los der Kriegsgefangenschaft aus eigenem Erleben kannte, organisierte ein Netz regelmäßiger Gottesdienste mit Aussprachegelegenheit – und einen Liebesgabendienst. Zusammen mit dem vatikanischen Amt für Kriegsgefangene bemühte er sich um die Benachrichtigung der Angehörigen, die um das Leben der als vermißt Gemeldeten bangten. In Verhandlungen mit alliierten Stellen erwirkte er manchem der Festgehaltenen die vorzeitige Heimkehr.[67][68]

---

[66] von Lang, Jochen, Der Adjutant, München – Berlin 1985, S. 231 und 256f.

1945 schickte ihn Pius XII. dann – wie wir gesehen haben – als Mitglied zweier vatikanischer „Expeditionen" nach Norden in seine daniederliegende deutsche Heimat; und er beließ ihn – vom Oktober des gleichen Jahres an – in Kronberg: zunächst im Stab des Erzbischofs Chiarlo, nach dessen Abreise als faktischen Geschäftsträger und nach der Ankunft Muenchs als Kanzler der vatikanischen Außenstelle im Schatten der Kronberger Burg.

Der Apostolische Visitator Muench und sein „römischer Pfeiler" Ivo Zeiger im Jahr 1946 in Kronberg.

Mit Zeiger stationierte das Oberhaupt der katholischen Kirche einen engen Vertrauten und einen der besten Männer seines Umfeldes in Kronberg. Eindrucksvoller hätte der Papst die Bedeutung der Aufgabe, die er seinem Stützpunkt in der Taunusstadt zumaß, nicht unterstreichen können.

Hinsichtlich der Erfüllung dieser Aufgabe ergänzten sich der amerikanische Bischof und der deutsche Jesuitenpater auf das vortrefflichste.

Muench genoß den Respekt seiner Landsleute. Seine Loyalität als Bürger der USA stand bei seiner Regierung nie in Frage. Als deren Berater in Fragen der katholischen Kirche fand er Zugang zu den Dienststellen der Militärregierung. Als Bischof von Fargo blieb er Mitglied des amerikanischen Episkopats. So konnte er in dem Teil der Weltkirche, der nach dem Zweiten Weltkrieg über den Einfluß und die notwendigen Mittel verfügte, erfolgreich um Verständnis und Hilfe für die geschlagenen Deutschen werben.

Zeiger kannte die deutsche Kirche, das kanonische Recht und den Vatikan. In Kronberg wirkte er als kirchenpolitischer Fachmann und als Rechtsberater. Er bildete den römischen Pfeiler der Kronberger Mission.

---

[67] Besprechung Zeigers mit dem Domkapitel am 5. 9. 1945, Diözesanarchiv Limburg DAL 14G (1945–67).
[68] Naber-Hillig, FN 64, S. 57.

Fronleichnamsprozession 1947 in der Kronberger Altstadt. Vor dem Traghimmel die Priester der Vatikanmission Ivo Zeiger und Alberto Giovannetti.

Zeiger besaß die besseren Kenntnisse über die bisweilen verschlungenen Wege der vatikanischen Verwaltung. Aber gelegentlichen Verdächtigungen zum Trotz hat Zeiger diesen Vorsprung nie zu Lasten des „Bischofs aus der Prärie" ausgenutzt. Im Gegenteil – der korrekte, mit Muench freundschaftlich verbundene Jesuit hat Muench und die gemeinsame Arbeit von seinen Vatikankenntnissen profitieren lassen. Übrigens hatte Zeiger, wie sein Mitbruder Ludwig Volk berichtet, auch in seiner römischen Zeit die ihm zur Verfügung stehenden kurzen Informationsstränge nicht ausgenutzt. Schon um vorhersehbaren Unmut der kurialen Ämter zu vermeiden, hatte er auch damals Wert darauf gelegt, „den Dienstweg direkt einzuhalten und beim Papst kirchenpolitisch nichts zur Sprache zu bringen, was nicht zuvor über das Staatssekretariat gelaufen war."[69]

Zeigers Bild wäre unvollständig gezeichnet, wenn wir ihn nur als begabten Hochschullehrer und – wie es sich im Germanicum, im

Aufbau der Kriegsgefangenen-Seelsorge und in Kronberg erwies – als geschickten Manager kirchlicher Einrichtungen betrachteten. Zeiger vergaß nie, daß das zentrale Ziel allen priesterlichen Dienstes die Seelsorge ist. Diese Überzeugung, die ihn mit Muench verband, hatte er seinen römischen Alumnen eingeprägt. Und er lebte danach. Für ihn war es – um ein Beispiel zu nennen – selbstverständlich, nach einem abendlichen Empfang in der japanischen Botschaft Roms, an der er als vatikanischer Vertreter teilgenommen hatte, noch an das Bett einer sterbenden Frau zu eilen.[70] Von Kronberg aus hielt er Briefkontakt mit den Priesteramtskandidaten des Germanicums.

Sooft er konnte, half er dem Kronberger Pfarrer in der Seelsorge. In der dortigen Pfarrkirche St. Peter und Paul hielt er sonntags um 14 Uhr gelegentlich Christenlehre, und nicht wenige Kronberger berichteten dem Autor, daß sie von der fröhlichen, kernig-christlichen Art des Paters begeistert waren.[71]

Ohne Schonung seiner Gesundheit arbeitete Zeiger in Kronberg bis in die Nacht. „Meine lieben Herren Alumnen", schrieb er am 25. Mai 1946 an die Germaniker in Rom, „wie es ihrem alten qualmenden Rektor geht, möchten Sie wissen. Fragen Sie nicht! Er büßt alle Sünden ab, die er an Ihnen begangen hat. Rauchen tut er zwar noch wie ein Schlot, aber gepiesackt wird er auch entsprechend, aber er hält die Stellung, trotz aller Knüppel, die er bekommt. Immerhin würde er nichts dagegen haben, wenn er nur die Hälfte an Arbeit, Ärger und Sorge hätte, dafür umso mehr Zeit, den deutschen herrlichen Frühling zu bewundern und zu schlafen. Eines ist herrlich: Wenn ich abends schaffe, singen mir die Nachtigallen um den Park ein Konzert, da verzichte ich auf jeden vierstimmigen Chor."[72]

Die karitative Arbeit der Kronberger Mission unterstützte Zeiger nach Kräften. Er selbst war Adressat zahlreicher Hilfsgesuche. Die

---

[69] Volk, Ludwig, Der Heilige Stuhl, FN 24, S. 57.
[70] Sträter, Paul, Mitteilungen der deutschen Provinzen SJ Heft 115, Köln 1955, S. 349.
[71] Vgl. Schwickert, Richard, Chronik der Pfarrei St. Peter und Paul, Kronberg, Eintragungen 1945 bis 1951, Pfarrarchiv.
[72] Zeiger, Ivo, Aus Briefen an das Kolleg 1946–1950, in: Korrespondenzblatt, Rom 1977 S. 101.

Postbeamten kannten ihn, und sie wußten, wo er wohnte. Jedenfalls lieferten sie eine Sendung mit der Anschrift „Fräulein Ivo, Vatikan, Kronberg", zielsicher aus. Es war ein Bittbrief.[73]

Die Nähe der Taunusstadt zu seiner Heimat betrachtete der Unterfranke als großes Geschenk. Sooft es ging war er dort, unterhielt sich mit den kleinen Leuten und freute sich darüber, wenn er in seiner Pfarrkirche vertraute Lieder schmettern konnte. Die Pfarrgemeinde in Mömbris war und blieb eine Tankstelle seiner Frömmigkeit.

Die ständige Überanstrengung schwächte Ivo Zeigers Gesundheit. Im Jahr 1950 traten mehrere Herzkrisen auf. Im Mai 1951 mußte er das vatikanische Staatssekretariat um Entlassung bitten. Er konnte den Nuntius, seinen Freund, nicht nach Bad Godesberg begleiten. Viele – ausdrücklich auch Pius XII. und Konrad Adenauer – bedauerten sein Ausscheiden.

Der Jesuitenpater verbrachte einen längeren Erholungsurlaub im Kahlgrund. Im Frühjahr 1952 meinten seine Ordensoberen, er könne – bei gehöriger Schonung und regelmäßigem ärztlichen Beistand – die Schriftleitung der Monatszeitschrift „Stimmen der Zeit" übernehmen. Zeiger akzeptierte auch diesen Auftrag, und er arbeitete vom März 1952 an in der Münchener Redaktion – wiederum fleißig.[74]

Am Morgen des 24. Dezember 1952 fanden ihn Mitarbeiter tot auf dem Gang vor seinem Arbeitszimmer. Ein Herzschlag hatte seinem irdischen Leben ein Ende gesetzt.

„Mehr als viele wahrhaben wollten, war seine Lebenskraft schon beim Abschied von Kronberg gebrochen",[75] bemerkte die Schriftleitung in einem Nachruf.

Und es ist unumstößlich wahr: Ivo Zeiger hat sich für unser Land, für die unter den Kriegsfolgen leidenden Menschen und für seine Kirche buchstäblich verzehrt.

Die letzte Ruhestätte fand er auf dem Ordensfriedhof des Berchmans-Kollegs, in dessen Kapelle er vierunddreißig Jahre zuvor zum Priester geweiht worden war – in Pullach bei München.

---

[73] Volk, Ludwig, Zwischen Ursprung und Ferne, in: Festschrift Mömbris, S. 36.
[74] Während der Schriftleiterzeit Zeigers erschienen aus seiner Feder folgende Besprechungsaufsätze: Kirche und Revolution sowie Naturrecht und Natur des Rechts, StiZ 149. Bd, 1951/52 S. 306–308 und 468–472; Rechtswissenschaft ohne Recht, ebenda 151. Bd, 1952/53, S. 306–309.
[75] o. V. P. Ivo Zeiger SJ in Memoriam, StiZ, 151. Bd, 1952/53, S. 321.

NUNTIATURA APOSTOLICA
IN GERMANIA

Kronberg
5 Mai 1951.

Nuntius Muench bedankt sich bei Ivo Zeiger für dessen Arbeit in Kronberg.

Mein lieber Pater!

In dieser Stunde des Scheidens ist es mir weh ums Herz. Die freundliche und sorgende Güte, mit der Sie mir in einem mir neuen und schwierigen Arbeitsfeld stets gern und bereitwilligst geholfen haben, werde ich nie vergessen.

Ich habe alle Ursache zu tiefst gerührt zu sein über die liebevolle und hilfsbereite Aufmerksamkeit, mit der Sie seit meiner Ankunft vor fast fünf Jahren um mich besorgt waren.

Ihre treue Freundschaft, Ihre wertvolle Hilfe, die frohen Stunden, die mir hier in Kronberg beschieden wurden, sollen mir in unvergessliche Erinnerung bleiben. Von ganzem Herzen bin ich Ihnen dankbar.

Mit stolzer Genugtuung schaue ich auf Ihre Arbeiten in der Vatikan Mission zurück. Unter grossen Hindernissen haben Sie dieselbe aufgerichtet und die Wege der christlichen Liebe für die armen, erbarmungswürdigen aus der Heimat Verbannten geebnet. Was Sie in der Betreuung derselben mit aufopfernder Selbstlosigkeit getan haben wird nie vergessen werden. Gott vergelt's Ihnen reichlich.

Von Herzen tut es mir leid, dass Ihre Gesundheit unter dem schweren Druck der Arbeiten so stark gelitten hat. Möge der Segen Gottes Ihnen Trost und Stärke sein in schwierigen Tagen.

Meinen Dank glaube ich nicht

besser zum Ausdruck bringen zu
können, als auch ein tägliches
Gebetsgedenken am Altare.

Mit meinem Dank verbinde
ich meine allerbesten Segenswünsche.
Möge die väterliche Hand Gottes
Ihnen heilende Kräfte spenden
und Sie auf Ihrem Lebensweg stützen
und stärken.

Indem ich Ihnen nochmals
herzinnigen Dank ausspreche und
Ihnen erneut meine Segenswünsche
für bessere Gesundheit und in Gott
geborgenes Wohlergehen entbiete,
verbleibe ich

in brüderlicher Verbundenheit
Ihr in Christo
dankbarer

Aetius J. Mnench
Erzbischof
Apostolischer Nuntius.

Aus der Arbeit der Kronberger Mission

Die Not bestimmt das Programm

Oben wurde es bereits dargelegt: Für die amerikanische Militärregierung bildete die Gewährleistung der Seelsorge an den Displaced Persons – ohne sie kirchenrechtlich deutschen Bischöfen unterordnen zu müssen – den Anlaß und den zentralen Grund, um dem Vatikan die Errichtung einer Mission in ihrer Besatzungszone zu gestatten. Streng genommen hätte sich deren Tätigkeit auf eben diese Aufgabe und auf das Gebiet der amerikanischen Besatzungszone beschränken müssen.

Sie tat es nicht. Die Arbeit „der Kronberger", wie die in der Taunusstadt tätigen Prälaten alsbald genannt wurden, blieb nicht auf die Erfüllung dieser Aufgabe und auch nicht auf das Gebiet der amerikanischen Besatzungszone beschränkt.

Die Ausweitung des Tätigkeitsbereichs der Mission ergab sich einmal nahezu zwangsweise aus der Bestellung Muenchs als Berater (liaison consultant) der amerikanischen Militärregierung. Diese seine Funktion öffnete Türen zu der einflußreichsten unter den westlichen Militärregierungen. Die Kenntnis solcher Kontaktmöglichkeiten machte Kronberg zur Anlaufstelle für zahlreiche Deutsche aus allen Besatzungszonen, die dem amerikanischen Bischof ihre Sorgen und Nöte in der Hoffnung auf Unterstützung vortragen wollten.

In der Hauptsache jedoch war es die Not der Nachkriegsjahre, welche die Aufgabe stellte, deren Erfüllung nach Ansicht des Papstes und seiner Kronberger Mannschaft unabweisbar gefordert war.

„Der Hunger ist nun überall wirklich eingekehrt", schrieb Ivo Zeiger am 23. Juni 1946 an die Alumnen des Germanicum in Rom.[76] In den Jahren 1946 und 1947 gelang es in den Großstädten der britischen Besatzungszone nur selten, der Bevölkerung Tagesrationen von 1 000 Kalorien zur Verfügung zu stellen. Die infektiöse Tuberkulose der Atemwege nahm sprunghaft zu, die Kindersterblichkeit stieg auf das mehr als Dreifache der Vorkriegszeit.[77]

---

[76] Zeiger, Ivo, Aus Briefen FN 69, S. 101.
[77] Zu der Ernährungssituation in der amerikanischen und britischen Besatzungszone Schlange-Schöningen, Hans, Im Schatten des Hungers, Hamburg und Berlin 1955.

In Kronberg angekommen, ließ es sich dieser Bischof, dessen Treue zur Regierung der Vereinigten Staaten außerhalb jeden Zweifels stand, nicht nehmen, jede sich bietende Gelegenheit zur Hilfe für die notleidenden Deutschen zu nutzen. In seinem Hirtenbrief zur Fastenzeit 1946, den er noch in Fargo geschrieben hatte, hat Bischof Muench die von den Siegermächten verfügte Reglementierung der Hilfeleistungen an Deutschland hart gegeißelt. „Zum ersten Mal in der Geschichte christlicher Völker", schrieb er an seine Diözesanen, „machen machtvolle Regierungen durch amtliche Verordnungen die Ausübung der christlichen Caritas unmöglich. Es wird uns tatsächlich gesagt, daß es falsch ist, unsere Feinde zu lieben, und denen Gutes zu tun, die uns Übles getan haben. – die Lebensmittelrationen für den Feind werden nach einer „Krankheit- und Unruhe"-Formel bemessen, sorgfältig nach Kalorien und nicht in Übereinstimmung mit den Gewichten und Maßen der christlichen Liebe bestimmt."[78]

Dergestalt wurde auf Drängen Muenchs die christliche Caritas im weitesten Sinne zu einem Schwerpunkt der Kronberger Arbeit.

Im folgenden sollen wichtige Arbeitsfelder der Kronberger Missionen dargestellt werden. Dabei wird deutlich werden, daß Muench und seine Mitarbeiter die Seelsorge an den Displaced Persons, ihren besatzungsrechtlichen Grundauftrag, keinesfalls vernachlässigt haben.

Die Beibehaltung der Apostolischen Nuntiatur in Eichstätt von 1945 bis 1951 war von nicht zu unterschätzender Bedeutung für die völkerrechtliche Stellung des besiegten Deutschland, für die Rolle des Heiligen Stuhles im Fall einer gesamtstaatlichen Neuorganisation in unserem Land und für das Rechtsbewußtsein unserer Bürger in einer verworrenen, unsicheren Zeit.

Glaubwürdig wurde diese im rechtlichen Bereich angesiedelte Symbolik durch „die Kronberger". Das Wirken der Apostolischen Mission in der Taunusstadt bildete den greifbaren Beweis dafür, daß die katholische Weltkirche und ihr Oberhaupt das besiegte deutsche Volk nicht abgeschrieben hatten. Solches spüren und erfahren zu dürfen, war in den ersten Nachkriegsjahren für viele Deutsche ein Trost – jenseits aller konfessionellen Grenzen.

---

[78] Vgl. Anhang I.

Für eine gerechte Behandlung der Deutschen

In der Schlußphase des Zweiten Weltkrieges, als die Verbrechen der Nationalsozialisten immer deutlicher zu Tage traten, neigten wichtige Kreise der US-Regierung dazu, Maßnahmen der Rache und der Vergeltung in die den Deutschen gegenüber anzuwendende Besatzungspolitik einzubauen.

Diese Absicht beruhte auf der Unterstellung, daß diese Untaten unterschiedslos allen Deutschen als rechtswidriges Handeln vorzuwerfen seien, eine Gedankenkonstruktion, die als These von der Kollektivschuld bekannt und in den ersten Nachkriegsjahren breit diskutiert wurde.

„Dem gesamten deutschen Volk müsse eingehämmert werden", schrieb der damalige Präsident der USA Franklin Delano Roosevelt am 26. August 1944 an seinen Kriegsminister Henry L. Simson, „daß die ganze Nation an einer grenzenlosen Verschwörung gegen die Gesittung der modernen Welt beteiligt war."[79]

Unbestreitbar ist, daß die These von der Kollektivschuld der Deutschen nicht nur falsch, sondern mit den Traditionen der europäischen Rechtsgeschichte unvereinbar war.

Dennoch: Die Pläne des amerikanischen Finanzministers Henry Morgenthau für die Behandlung Deutschlands nach der Kapitulation, die dem amerikanischen Präsidenten und dem britischen Premierminister im September 1944 vorgelegt wurden und vorübergehend auch die Billigung Churchills fanden, widerspiegelten den Geist der kollektiven Schuldzuweisung und der Vergeltung.

Nach dem Konzept Morgenthaus sollte Deutschland geteilt und entindustrialisiert werden. Der Aufbau neuer Schlüsselindustrien sollte den geplanten drei autonomen deutschen Nachfolgestaaten auf absehbare Zeit untersagt, ihre Wirtschaft praktisch auf Ackerbau und Viehwirtschaft umgestellt werden.[80]

Morgenthausches Gedankengut prägte auch die tatsächlich angeordnete Besatzungspolitik, insbesondere auch die bereits oben er-

---

[79] Hull, Cordell, Memoirs, Bd. 2, New York 1948, S. 1603.
[80] „Der Morgenthau-Plan", in: Die Wirtschaftsverwaltung, hrsg. von der Verwaltung für Wirtschaft des Vereinigten Wirtschaftsgebietes, 2. Jhg, Frankfurt a. M. 1949, S. 598f.; Gelber, H.G., Der Morgenthau-Plan, in: Vierteljahreshefte für Zeitgeschichte, 13. Jhg, Stuttgart 1965, S. 372–402.

wähnte Direktive des US-Generalstabs JCS 1067 vom April 1945. Den Deutschen, so hieß es dort, müsse klar gemacht werden, „daß sie nicht der Verantwortung für das entgehen können, was sie selbst auf sich geladen haben."

Hungersnot sei abzuwenden, um „die Ausbreitung von Krankheiten und zivile Unruhen zu vermeiden, die die Besatzung der Streitkräfte gefährden könnten." Die Militärregierung solle jedoch gleichzeitig sicherstellen, „daß der Mindestlebensstandard des deutschen Volkes nicht höher liegt als bei irgendeinem benachbarten Mitgliedstaat der Vereinten Nationen."[81]

Die Direktive JCS 1067 galt offiziell bis April 1947. Sie erwies sich zum Glück als durch den Militärgouverneur interpretationsfähig und wurde sogar durch einige Bestimmungen des Potsdamer Abkommens gemildert. Aber daß „sie einen Karthago-Frieden zum Ziel hatte", war unzweifelhaft.[82] Der rückblickend dergestalt urteilte, mußte es wissen. Es war General Lucius D. Clay, der Militärgouverneur, dem die Anwendung der Direktive aufgetragen war.

In der Sorge um einen gerechten Frieden in der bevorstehenden Nachkriegsepoche wandte sich Papst Pius XII. schon sehr früh – am 2. Juni 1944 – und weltöffentlich gegen die These von der Kollektivschuld. Die geschichtliche Erfahrung lehre, daß „Friedensschlüsse", die solchen Thesen folgen, die Gefahr neuer Konflikte in sich bergen. Die Völker brauchten die „begründete Hoffnung auf ehrliche Lösungen", sagte der römische Pontifex vor dem Kardinalskollegium, und, so fuhr er erläuternd fort, „Lösungen, die weder vorläufig sind, noch giftige Keime neuer Erschütterungen und Gefahren in sich bergen." Dauerhafte Lösungen müßten von dem Gedanken ausgehen, „daß heute wie in den vergangenen Zeiten die Kriege schwerlich den Völkern als solchen zu Last gelegt und als Schuld angerechnet werden können."[83]

Noch deutlicher formulierte es der Papst in seiner berühmten Ansprache über die Grundlehren wahrer Demokratie zu Weihnachten 1944. Niemand denke daran, so führte er aus diesem Anlaß aus, „die Gerechtigkeit denen gegenüber zu entwaffnen, die den Krieg

---

[81] Directive JCS 1067, FN 16, S. 23 u. 27.
[82] Clay, Lucius, Entscheidung in Deutschland, Frankfurt a. M. 1951, S. 33.
[83] Utz-Groner, FN 4, Rdz. 4258.

ausgenutzt haben, um Verbrechen gegen das gemeinsame Recht zu begehen [...] Wenn sie sich aber anmaßen wollte, nicht Einzelpersonen sondern kollektiv ganze Gemeinschaften zu richten und zu verurteilen, wer könnte in einem derartigen Vorgehen nicht eine Verletzung der Regeln sehen, die in jedem menschlichen Gericht maßgebend sind."[84]

In dem bereits angeführten Fastenhirtenbrief 1946, den er noch in seiner amerikanischen Bischofsstadt verfaßt hatte, warb Bischof Muench für – wie es in dem Motto dieses Sendschreibens heißt – „eine Welt in der Liebe". Die Schandtaten der Nazis geißelte er in gleicher Weise wie die Nachkriegsverbrechen an den Deutschen. „Wir sind erbärmliche Heuchler, wenn wir nicht als Verbrechen brandmarken, was wir zu rügen uns beeilten, als es vom Feinde verübt wurde." Zur Debatte um die Kollektivschuld schrieb Muench: „Der Abschluß eines Hitler-Friedens würde den Glauben der Völker an die Demokratie zerstören. Eine ganze Nation unter Anklage zu stellen, kann im Lichte demokratischer Prinzipien nicht gerechtfertigt werden." Der Chefankläger der USA bei den Nürnberger Prozessen, der amerikanische Bundesrichter Robert H. Jackson habe, so führte Muench aus, die Idee der kollektiven Verantwortlichkeit abgelehnt, und er fuhr fort: „Es würde in der Tat ungerecht sein, alle Deutschen anzuklagen, die Frauen und die Kinder, die in der Innenpolitik keine Stimme hatten, wie auch die zahllosen Anti-Nazis, von denen viele jahrelang in den Konzentrationslagern schmachteten. Der Widerstand gegen die Hitler-Bewegung war stärker, als das amerikanische Volk im allgemeinen weiß."[85]

In Kreisen der Siegermächte erregte dieser Hirtenbrief großes Aufsehen. Regierungskreise in Washington und Paris äußerten Befremden über den prodeutschen Bischof. Das französische Außenministerium ließ seinen Botschafter beim Heiligen Stuhl, Jaques Maritain, ein Protestschreiben im päpstlichen Staatssekretariat übergeben.[86] Der Papst ließ sich nicht beirren. Er sandte ebendiesen Bischof nach Kronberg.

---

[84] Utz-Groner, FN 4, Rdz. 3500.
[85] Anhang I.
[86] Barry, FN 6, S. 79.

Nur mit erheblicher Verzögerung erfuhr die deutsche Öffentlichkeit vom brisanten Inhalt des Hirtenbriefes. Der Berliner Tagesspiegel berichtete am 25. 4. 1947 in einer kurzen Notiz.[87] Manche lernten den Inhalt dieses Pastoralschreibens auf Umwegen kennen. So schrieb der Freiherr Hermann von Lüninck am 10. 1. 1947 an den Generalvikar der Erzdiözese Köln und berichtete, daß er von einem Kölner Kloster eine Abschrift des Hirtenbriefs erhalten habe. Er sei in einer amerikanischen Familienzeitschrift im Jahr 1946 veröffentlicht worden. Sein Inhalt sei von so weittragender Bedeutung, daß er sich erst einmal vergewissern wollte, ob er überhaupt echt sei. Die erzbischöfliche Behörde schickte ihm ein Exemplar des Briefes mit der Bitte um Rückgabe.[88]

Die Apostolische Mission in Kronberg blieb ein Anwalt für eine gerechte Behandlung der Deutschen. Muench setzte sich ohne Unterlaß für die Abkehr der Siegermächte von der Kollektivschuldthese ein. Selbstverständlich ist der – jedenfalls im Laufe des Jahres 1947 deutlich spürbare – Wandel der amerikanischen Besatzungspolitik nicht nur auf die Intervention Muenchs zurückzuführen. Auch in der amerikanischen Regierung gab es von Anfang an Widerstand gegen die Morgenthau-Linie. Lewis Douglas, der hochgeachtete Finanzberater General Clays, soll gesagt haben, die Direktive JCS 1067 sei „von ökonomischen Idioten gemacht", die es „den qualifiziertesten Arbeitern Europas verbieten wollen, für einen Kontinent, auf dem ein verzweifelter Mangel an allem herrscht, so viel wie möglich zu produzieren."[89] Nicht zuletzt wegen der Bestimmungen dieser Direktive trat Lewis Douglas alsbald von seinem Amt zurück.

Im übrigen bewirkten finanzplanerische Überlegungen, nämlich die Furcht der US-Regierung vor wachsenden Subventionsverpflichtungen zugunsten eines kranken Europa ebenso wie der wachsende Ost-West-Konflikt, einen Wandel der amerikanischen und damit der westlichen Besatzungspolitik.

---

[87] Der Tagesspiegel, 3. Jhg., Nr. 96, S. 1.
[88] Archiv der Erzdiözese Köln, CR II 30. 5. 1.
[89] Vgl. Gimbel, John, Amerikanische Besatzungspolitik in Deutschland, Frankfurt a. M. 1968, S. 16.

Der Beitrag, den Muench geleistet hat, und der sich bei weitem nicht im Fastenhirtenbrief 1946 erschöpfte, bleibt beachtlich. Auch dafür kann es kein besseres Zeugnis geben als das des US-Militärgouverneurs Lucius D. Clay. Anläßlich seines Abschieds von Deutschland am 15. Mai 1949 schrieb der amerikanische General in Entgegnung auf eine Botschaft des amerikanischen Bischofs: „Ich habe immer gefühlt, daß ihr Einfluß viel dazu beigetragen hat, unser eigenes Volk wachzurütteln. So konnte ein Wechsel zu einer Besatzungspolitik herbeigeführt werden, die unserem Nationalcharakter mehr entspricht als die anfängliche Politik der Bestrafung und der Rache." [90]

Gegen die Demontage industrieller Anlagen

1945 bestand zwischen den alliierten Siegern Einverständnis darüber, daß die noch in Deutschland vorhandene, von Kriegszerstörungen verschont gebliebene industrielle Substanz weiter vermindert werden sollte.[91]

Hauptmotiv für diese Planung war nicht das Sicherheitsbedürfnis der Sieger. Diese betrachteten vielmehr den Abbau industrieller Anlagen in Deutschland und deren Remontage in ihren Besatzungsgebieten vornehmlich als Wiedergutmachung für erlittene Kriegsschäden. Nachweisbar spielten bei der Festlegung von Art und Umfang der Demontage auch Konkurrenzüberlegungen – das Streben. eine möglicherweise in Zukunft doch wieder auf den Weltmärkten agierende deutsche Industrie im Ansatz zu schwächen – eine nicht unerhebliche Rolle. Außerdem entsprach die Demontagepolitik dem bereits oben dargelegten Morgenthauschen Rachegedanken.[92]

Die ungeordneten Zeitumstände im allgemeinen sowie unerfaßte Vorwegentnahmen industrieller Einrichtungen der Sowjetunion und Frankreichs aus ihren Besatzungszonen machen es schwer, das Ausmaß der vollzogenen Demontage exakt festzustellen.

---

[90] Barry, FN 6, S. 134.
[91] Potsdamer Abkommen, FN 2, Abschnitt IV.
[92] Bremer Ausschuß für Wirtschaftsforschung, Am Abend der Demontage, Bremen 1951, S. 16–21.

Der Bremer Ausschuß für Wirtschaftsforschung, der sich intensiv und gründlich mit diesem Problem beschäftigte, kam zu dem Ergebnis, daß die in den vier Besatzungszonen Deutschlands – also ohne das Saarland und die Gebiete jenseits der Oder und Neiße – 1945 vorhandene intakte industrielle Kapazität durch Demontage um 21,8% vermindert wurde.[93]

Die Berechnung basiert auf der Ermittlung der vorhandenen Gesamtkapazität – ohne Bauindustrie – bewertet zu Nettoproduktionswerten in Preisen des Jahres 1936, die mit 25,6 Milliarden Reichsmark angesetzt wurde.

Davon wurden bis Ende 1949 demontiert:

aus der sowjetisch besetzten Zone 45% der Kapazität	3,19 Mrd RM
aus Ostberlin 33% der Kapazität	0,25 Mrd RM
aus Westberlin 67% der Kapazität	0,90 Mrd RM
aus den Westzonen 8% der Kapazität	1,32 Mrd RM
insgesamt	5,66 Mrd RM

Das sind im Durchschnitt 21,8% der in den vier Besatzungszonen Deutschlands vorhandenen Gesamtkapazität.

Die psychologische Wirkung der Demontage auf die Deutschen war verheerend.

Unser Volk, geschwächt durch riesige Menschenverluste unter den arbeitsfähigen Jahrgängen, geschädigt durch die Kriegszerstörungen von Wohnraum, von verkehrlicher Infrastruktur und von industrieller Substanz, belastet durch die Pflicht, die noch vorhandenen Ressourcen mit Millionen heimatvertriebenen Mitbürgern zu teilen, war ohnehin bis an den Rand der Hoffnungslosigkeit ent-

---

[93] Bremer Ausschuß, FN 93, S. 25.

Die Demontage intakt gebliebener Industrieanlagen verdüsterte die Zukunftshoffnungen der besiegten Deutschen. Insbesondere im britisch besetzten Ruhrgebiet führte sie zu offenem Widerstand gegen die Besatzungspolitik.

Protest gegen Demontage

Stadtvertretung und Stadtverwaltung Oberhausen (Rhld.), die katholischen und evangelischen Kirchengemeinden Oberhausens, sämtliche politische Parteien Oberhausens, der Ortsausschuß des Deutschen Gewerkschaftsbundes Oberhausen, die Industrie- und Handelskammer zu Essen, der Einzelhandelsverband Oberhausen und die Kreishandwerkerschaft Oberhausen

rufen auf zu einer

Groß-Kundgebung

gegen die beabsichtigte Demontage
der **Fischer-Tropsch-Anlage der Ruhrchemie A.G.** in Holten

in Oberhausen auf dem Altmarkt
Dienstag, den 30. Aug., um 10 Uhr vormittags

Es sprechen Vertreter der aufrufenden Organisationen.
Schwere Not droht allen, ob Industrie, Handel, Handwerk oder Gewerbe bei Durchführung der Demontage
Neben Mülheim-Ruhr ist Oberhausen die Geburtsstätte des Fischer-Tropsch-Verfahrens. Hier wurde die erste Großanlage errichtet. Von hier aus ging diese Schöpfung deutschen Geistes in die Welt.
Darf unserer Heimatstadt dies alles entrissen werden? **Nein!!!** — Jeder demonstriert dagegen bei der **Groß-Kundgebung!**

mutigt. Nun wurden intakt gebliebene Industrieanlagen vor seinen Augen abgebaut und abtransportiert. Die Besatzungsmächte rissen ihm notwendige Werkzeuge eines friedlichen Wiederaufbaus förmlich aus den Händen.

Nimmt es wunder, daß die alliierte Demontagepolitik Anlaß zu öffentlichen Protesten gegen die Besatzungspolitik vor allem im britisch besetzten Ruhrgebiet war?[94]

Die deutschen katholischen Bischöfe stellten sich auf die Seite der Protestierenden. Die päpstliche Mission in Kronberg wurde zu einem Sammelpunkt des Widerstandes: Es gab Wochen in Kronberg, in denen sich die Delegationen, die um Hilfe in Demontagesachen baten, einander die Klinke in die Hand gaben. Bernhard Hack, der bereits oben erwähnte „preußische Priester", gab es wie folgt zu Protokoll: „Was die Mauern in Kronberg erzählen könnten, vermöchten sie nur zu reden. Wie oft hallte der laute Ruf 'Drohende Demontage, bitte helfen Sie' durch die Räume."[95]

Muench war ein ausgewiesener Demontagegegner. Bereits in seinem Fastenhirtenbrief 1946 hatte er anklagend geschrieben: „Unter ungeordneten Verhältnissen kann der Friede nicht gedeihen, und wie könnte dann die Weltprosperität aus einer Art entstehen, wie man sie jetzt plant? Sie führt zur Verarmung eines Volkes, wenn man es nicht nur seiner Handelsgüter, sondern auch seiner Werkzeuge und seiner der Produktion dienenden Maschinerie beraubt."[96]

Pausenlose Aufklärung der nordamerikanischen Öffentlichkeit sei erforderlich, sagte Muench einer Delegation aus dem Ruhrgebiet, die Kardinal Frings zu ihm geschickt hatte. Als Freund der Heimatvertriebenen wies er darauf hin, daß das Schicksal der Vertriebenen und der „Demontageunsinn" zwei sich gegenseitig bedingende Fragen seien.[97]

Als Wirtschafts- und Sozialwissenschaftler geißelte er die Kurzsichtigkeit einer Politik, welche den amerikanischen Steuerzahler dazu zwingen mußte, ein verarmendes Deutschland langfristig zu alimentieren, wenn es nicht zur Beute der Sowjetunion werden sollte, von ihrem inneren Widerspruch zu dem am 5. Juni 1947 durch den US-Außenminister George Catlett Marshall umrissenen Europäischen Wiederaufbauprogramm ganz zu schweigen.

---

[94] Ahrens, Hanns, Demontagen, München 1982, S. 275–293.
[95] Barry, FN 6, S. 118.
[96] Anhang I.
[97] Ahrens, FN 94, S. 53f.

Mit Rücksicht auf sein – im übrigen höchst förderliches – Amt als Verbindungsbeauftragter der US-Regierung zur katholischen Kirche vermochte Muench nicht jede gegen die Demontagepolitik gerichtete Resolution zu unterschreiben. Aber er klärte die amerikanische Öffentlichkeit auf, und er leitete deutsche Protestschreiben in die richtigen amerikanischen Kanäle, die katholische Bischofskonferenz eingeschlossen.

„Es waren zwar wenige Stimmen, die sich warnend erhoben, aber sie haben doch, zumal ihnen die Entwicklung mehr und mehr recht gab, wesentlich zu einer veränderten Auffassung über den Abbau der deutschen Industrie beigetragen", urteilt der Bremer Ausschuß für Wirtschaftsforschung.[98]

Diesen Stimmen sei es zu verdanken, daß in den westlichen Siegerländern allmählich ein Umschwung der Meinungen eintrat.

Die Stimme des Apostolischen Administrators Muench gehörte unzweifelhaft dazu.

Kriegsgefangenensuchdienst

Der Historiker Karl Dietrich Erdmann schätzt die Zahl der deutschen Militärangehörigen, die sich im Zeitpunkt der Kapitulation (8. Mai 1945) in Kriegsgefangenschaft befanden, auf 11,094 Millionen. Die Zahl umfaßte Soldaten der Wehrmacht, der Waffen-SS und sonstige Hilfskräfte, auch Frauen. Rund 3,2 Millionen dieser Menschen befanden sich in den Händen der Sowjetunion.[99]

Den in Deutschland lebenden Angehörigen war die Gefangenschaft ihrer Väter und Söhne, ihrer Ehegatten und Verlobten häufig unbekannt. Dies galt insbesondere hinsichtlich derer, die bis zuletzt unter Waffen oder in Diensten der kämpfenden Truppe gestanden hatten. Hatten sie das Inferno der letzten Kriegsmonate lebend überstanden? Die Ungewißheit auf beiden Seiten – auch die Gefangenen wußten nicht, ob ihre Angehörigen den Bombenkrieg und/oder die Vertreibung überstanden hatten – war groß und kräftezehrend.

---

[98] Bremer Ausschuß, FN 92, S. 10.
[99] Erdmann, Karl Dietrich, Das Ende des Reiches und die Neubildung deutscher Staaten, 8. Aufl, München 1993, S. 125f.

SUCHANZEIGEN

Kameraden der FP.-Nr. 21 053 B
die über den Verbleib des Ogfr. Friedrich Bauer nähere Angaben machen können, werden gebeten, diese dem Vater, Professor F. Bauer, (16) Bad Homburg, Landgrafenstr. 26, mitzuteilen.

Wer hatte Angehörige
im Februar 1945 unter der Feldpost-Nr. 15 411 D oder welcher Kamerad meines Sohnes, Gefr. Joachim von Seht, kann mir über den Verbleib desselben Auskunft geben? Um Mitteilung bittet Frau Friede von Seht, (24) Otterndorf-Westerende, Niederelbe.

Josef Bours
Ogefr., FP.-Nr. 39 256, Ersatztruppenteil: Gren.-Ers.-Batl. 179 (Traunstein, Obb.), letzte Post aus der Gegend von Krakau Anf. Januar 1945. Nachr. erb. an Frau Agnes Bours, (21) Neuhaus/Westf., Bahnhofstr. 11.

Kurlandkämpfer
Obergefreiter Max Kaiser, 23 Jahre alt, Feldpost-Nr. 06575 D. Letzte Nachricht vom 24. 2. 1945. Wer kann Auskunft geben? Nachr. an Otto Wenzinger, Freiburg i. Br., Kronenstr. 14a.

Feldpost-Nr. 41 380
Wer kennt das Schicksal von Funkmeister K. H. Praeckel dieser Geb.-Jäger-Div.? Gefl. Nachricht erbittet Artur Praeckel, (20) Hannover, Darwinstraße 15.

561. Volks-Gren.-Division
Wer war bei dieser Division in Ostpreußen? Wer hatte Angehörige dort? Wer weiß etwas über die Kampfgruppe Grabs? Wer sah Obtl. Grabs aus Berlin in russ. Gefangenschaft. Bitte in jedem Falle Nachr. an Marg. Feitig, (18) Siebeldingen in der Pfalz.

Hptm. Wolfgang Kieffel
Kdr. einer Div.-Nachr.-Abteilg. (153?), Feldp.-Nr. 11 415. Letzte Nachr. März 1945 aus dem Hunsrück. Mitteilung an Dr. Zelter, Staufen i. Breisgau.

Welcher Kamerad
war mit meinem Sohn, dem Leutn. Carljosef Hoehl, unter der Feldpost-Nr. 46 845 A im Februar 1945 zusammen und kann mir über den Verbleib Auskunft geben? Um Mitteilung bittet Josef Hoehl, Eltville am Rhein, Schwalbacher Str. 7.

188. Gebirgsjäger-Division
(Regt. 138 oder 139). Wer kann Auskunft geben über meinen Schwager Hauptm. Helmut Noack, Rgt.-Adj., aus Durlach (Baden), geb. 15. 9. 14? Letzte Post März 1945 aus Adelsberg, nordöstl. Triest. Für jede Nachricht dankbar. Forstm. Dummel, (17a) Löffingen im Schwarzwald.

Wien-Florisdorf
Kameraden, die beim Heldentod meines Sohnes Oberlnt. Heinz Gärtner, gefallen 9. April 1945 in Wien — Florisdorfer Brücke, mit dabei waren, bitte ich um Angabe ihrer Anschriften. Studienrat Gärtner, Freiburg i. Br., Urachstraße 15.

Gesucht
wird Peter Jüngst, Obergefreiter bei der 2./N.A. 88 bzw. 2./N.A. 188, Feldpostnummer 30 080, letzte Nachricht vom 12. 1. 1945 aus dem Baranow-Brückenkopf, Ortsunterkunft zu diesem Zeitpunkt in Opatow (Polen). Zweckdienliche Nachrichten erbeten an Frau Hanna Jüngst, Freiburg i. Br., Hildastraße 15.

Ltn. Wilh. Wendel
geb. 3. 8. 22, 29. Pz.-Gren.-Div., 71. Regt., F.P.-Nr. 25 737 A, letzte Nachr. 3. 3. 45 aus der Nähe von Bologna (nördl.). Auskunft von Kameraden erbet. an Jos. Lind, (16) Falkenstein i. Taunus, Hauptstr. 41.

Tiraspol (Rumänien), Aug. 1944
Wer kann mir über den Verbleib meines Sohnes Leutn. (Art.) Ulrich Hoeckner, F.P.-Nr. 58 578 B, irgendeine Auskunft geben? Letzte Nachricht vom 17. 8. 44 aus der Gegend nordwestlich Tiraspol. Auskunft erbittet Frau Helene Hoeckner, Bad Homburg v. d. Höhe, Brendelstr. 21.

Wer sucht
an der Ostfront Vermißte? Suchaufträge über den russ. Suchdienst bei Angabe d. Geburtsdatums, Heimatanschrift oder der letzten Feldposteinheit übernimmt (auch schriftlich) zum Gesamtpreis von RM 8.50 Übersetzungs- und Dolmetscherbüro H Kleyer, Frankfurt a. M., Steinweg 9, Postscheck Ffm. 144 917.

Albert Birbele
San.-Uffz., Feldpost-Nr. 22 493, letzter Aufenthaltsort Abbazia (Ital.), letzte Post vom 11. 3. 45. Welcher Kamerad war mit ihm zusammen und kann Auskunft geben? Heinrich Steinebruner, Freiburg i. Br., Gartenstraße 14.

Suche mit Angehörigen
der Feldpost-Nr. 09 798 oder 15 745 in Verbindung zu treten. H. Koch, Kaiserslautern, Tirolfstr. 8.

Walter Letsche, Feldp.-Nr. 16 244
Stabsveterinär, letzte Nachricht vom 15. 2. 1945, wahrscheinlich aus Ostpr. Angeb. erbet. an Dr. Letsche, Darmstadt, Osannstr. 28.

Panzer-Regt. 7
Feldpost-Nr. 66 473 B. Wer kann mir Auskunft geben über Verbleib von ROB. Uffz. Fritz Merck? Alexandra Merck, Darmstadt, Am Oberfeld 22.

Wer kann Auskunft geben
über Karl Joann, 21. Flak-Division L 50 420 LGPA, Wiesbaden? Letzter Standort Mannheim-Ilbesheim, letzter Meldung vom 7. 3. 45. Nachricht erb. an Eugen Joanni, Kusel, Rheinpfalz.

Uffz. Philipp Müller
Feldp.-Nr. 64 446 A. Nachr. an Heinr. Müller, Freiburg i. Br., Kartäuserstraße 20.

Gesucht
wird der 23jähr. Oberleutnant Siegfried Schleeh, Feldpost-Nr. 37 754 A, b. einer Gebirgsjägereinheit, Kampfgruppe „Gneisenau", zuletzt gesehen bei Deutsch Brot. Angebote erbeten an Familie Schleeh, Freiburg i. Br., Emmendinger Str. 38.

Zu den anrührendsten Bildern der deutschen Nachkriegsgeschichte gehören die von Eltern, Frauen und Kindern, die Transparente mit Bildern und Namen ihrer Vermißten, mit Angaben über letzte bekannte Frontabschnitte und Feldpostnummern in die Höhe streckten. Tage-, ja oft wochenlang harrten sie an Bahnhöfen und an den Toren der Heimkehrerlager mit diesen selbstgefertigten Plakaten in der Hoffnung aus, von den entlassenen Gefangenen etwas über ihre Lieben zu erfahren.

Unmittelbar nach Ausbruch des Krieges hatte Pius XII. im Rahmen der päpstlichen Liebeswerke ein „Ufficio Informazioni" ge-

Zeugnisse qualvoller Ungewißheit. Suchanzeigen in der Monatszeitschrift „Die Gegenwart" vom 24. März 1946.

Bischof Muench begrüßt aus russischer Kriegsgefangenschaft entlassene Soldaten im Lager Friedland (September 1949).

gründet, das sich um den Austausch von Nachrichten zwischen Kriegsgefangenen jeder Nation und ihren Angehörigen bemühte und um das er sich – wie die deutsche Ordensschwester Pascalina Lehnert berichtet – nachhaltig kümmerte.[100] Der Papst wies seine Nuntien und Legaten in der ganzen Welt an, die Bemühungen dieses Büros nach Kräften, nach Möglichkeit auch durch den Besuch von Gefangenenlagern und das Sammeln von Namen und Anschriften, zu unterstützen.

Nach der Besetzung Roms durch die Alliierten bemühte sich – wie bereits erwähnt – Ivo Zeiger im Auftrag des Papstes um die Herstellung von Kontakten zwischen den Inhaftierten und deren Angehörigen. Dies erwies sich als schwierig, wie der Jesuit den von ihm besuchten Bischöfen und Domkapiteln während der zweiten vatikanischen Expedition nach Deutschland darlegte.[101]

Am 7.8.1945 informierte Zeiger seinen Mitbruder Robert Leiber über seine einschlägigen Bemühungen im amerikanischen Hauptquartier im italienischen Caserta. Auf seine Anregung, durch ein

---

[100] Lehnert, Pascalina, Ich durfte ihm dienen: Erinnerungen an Papst Pius XII., 3. Aufl., Würzburg 1983, S. 102f.

[101] Niederschrift: über die Besprechung Zeigers mit dem Limburger Domkapitel v. 5.9.1945, Diözesanarchiv Limburg DAL14G (1945–67).

Lebenszeichen der Kriegsgefangenen die Last der Ungewißheit von den Angehörigen in Deutschland zu nehmen, antwortete der zuständige amerikanische Befehlshaber: „Das ist's gerade, was wir nicht wollen! Die sollen fühlen, daß sie besiegt sind und bestraft werden. Wir haben die Absicht, die Deutschen unter strenger Zucht zu halten, und wir wollen uns darin von niemand dreinreden lassen."[102]

Dem Papst gelang es, diese Schwierigkeiten zu überwinden. In seine Bemühungen, den deutschen Gefangenen zu helfen, schaltete er die im November 1945 etablierte Apostolische Mission in Kronberg ein. Sie unterstützte die Gefangenensuche auf zweierlei Weise: als Transferstelle für das päpstliche Ufficio Informazioni und im Direktverkehr mit den Nuntiaturen in anderen Ländern.

Prälat Bruno Wüstenberg berichtet, daß im Monat der Errichtung der Mission, im November 1945, eine Liste mit den Namen von 142 843 deutschen Kriegsgefangenen von Rom nach Kronberg übermittelt werden konnte.

Auch Karten und Briefe wurden via Kronberg ausgetauscht. Bis Anfang 1947 hatten die Kronberger vom päpstlichen Ufficio Informazioni 300 000 Karten und Briefe entgegengenommen und 200 000 Antworten deutscher Familien an den Vatikan weitergeleitet.

Zu Weihnachten 1946 hatte der kirchliche Transfer von Namenslisten einen Höhepunkt erreicht. 1 Million Namen und Kurznachrichten deutscher Kriegsgefangener in Frankreich wurden auf dem Weg über die Kronberger Mission nach Deutschland übermittelt.[103] Der Nuntius in Paris, dem Pius XII. die Sorge für die deutschen Gefangenenlager in Frankreich auferlegt hatte, hieß Angelo Guiseppe Roncalli. Er wurde am 28.10.1958 selbst zum Papst gewählt und nahm den Namen Johannes XXIII. an.

---

[102] Volk, Ludwig, Der Heilige Stuhl, FN 22, S. 66.
[103] Volk, Ludwig, Der Heilige Stuhl, FN 22, S. 66; Wüstenberg, Bruno, Das Schicksal der Kriegsgefangenen, in: Rheinischer Merkur 1949, S. 14.

Die Mission der Nächstenliebe

Die oben beschriebenen Expeditionen des Vatikans steckten voller Abenteuer. Noch schwieriger war es, Transporte mit Lebensmitteln und Medikamenten, die der Papst vom Sommer 1945 an auf den Weg brachte, sicher an die Empfänger in Deutschland zu leiten.

Die dem Papst vom Oberkommandierenden der US-Streitkräfte zugestandene Stationierung eines Apostolischen Administrators in Kronberg erleichterte vieles. Pius XII. nutzte deshalb seine neue Kronberger Adresse, um seine Hilfslieferungen dorthin zu schikken, bzw. ortsnah von dort aus dirigieren zu lassen. Die Schwierigkeiten waren nicht zuletzt in der mangelnden Praxis und den Unsicherheiten der Militäradministrationen begründet. Ihnen fehlte ein informierter Verwaltungsunterbau. Die Kompetenzen der jeweiligen regionalen Befehlshaber waren nur ungenau geklärt. Die Entscheidungsfreude der zuständigen Offiziere hinsichtlich der Weiterleitung vatikanischer Sendungen an deutsche Empfänger erwies sich als gering.

Von Anfang an also erfüllte die Kronberger Mission karitative Aufgaben. Sie sollten zum zentralen Arbeitsfeld dieser päpstlichen Dienststelle in den ersten Nachkriegsjahren werden.

Haargenau entsprach diese Schwerpunktsetzung den Erwartungen, die der zweite Apostolische Visitator, der Diözesanbischof und Seelsorger Alois Muench, mit der Zustimmung zu seiner Abordnung nach Deutschland verbunden hatte. „Nichts konnte seinen persönlichen Neigungen mehr entsprechen", formulierte sein Biograph.[104] Und: später gefragt, welches seine glücklichsten Erfahrungen in Deutschland gewesen seien, antwortete er stets ohne zu zögern „my mission of charity", meine Mission der Nächstenliebe.

Mag der offizielle Titel „Staatssekretariat seiner Heiligkeit – Dritte päpstliche Mission" – beim Lesen auch andere Vorstellungen wecken. Nicht im entferntesten war die Villa Grosch ein Ort päpstlicher Repräsentation. Sie war ein Dienstleistungszentrum, das die Wohnräume bescheiden lebender Priester und Ordensleute einschloß. Das einzige Zimmer des Apostolischen Administrators diente ihm als Wohn- und Arbeitszimmer zugleich.

---

[104] Barry, FN 6, S. 92.

Pius XII. und Bischof Muench inspizieren im Februar 1947 für Deutschland bestimmte Hilfslieferungen.

Muench bekannte später, nie im Leben härter gearbeitet zu haben, als in den ersten Kronberger Jahren, in denen die Mission der Nächstenliebe im Mittelpunkt der Arbeit stand. Das Management der Hilfeleistungen in der Mission war naturgemäß nicht nur die Sache Muenchs. Alle mußten anpacken, und sie taten es. Gelegentlich gab es Unmutsäußerungen einiger Mitglieder der Kronberger Belegschaft des Inhalts, daß eine solche Tätigkeit nicht zum traditionellen diplomatischen Geschäft gehöre und daß man sie deshalb besser privaten Hilfsorganisationen wie dem Caritasverband überlassen sollte. Muench wußte, daß diese Auffassung auch in einigen Kreisen der römischen Kurie geteilt wurde. Er überhörte sie dennoch. Und er konnte sich seiner Sache völlig sicher sein. Seine Handlungsweise entsprach dem persönlichen Wunsch des Inhabers der höchsten Autorität in der katholischen Kirche, des Papstes Pius XII.

Die von der Vatikanmission in Kronberg betreute materielle Hilfe sprudelte aus drei Quellen.

Die erste Quelle war der Vatikan, der – wie oben erwähnt – bereits im Sommer 1945 mit Hilfslieferungen begonnen hatte. Der

Papst sandte insgesamt 10 000 Tonnen Naturalspenden nach Deutschland. 70% davon waren Lebensmittel, 25% Bekleidung und Hausgeräte, 5% Medikamente, Papier und Sonstiges. Der Präsident des Deutschen Caritasverbandes schätzte den Wert dieser Spenden ohne die Medikamente auf 8 Millionen Dollar (damaliger Kaufkraft).

Unter den Medikamenten befand sich kristallinisches „Rein-Insulin im Werte von 800 000 Schweizer Franken, das von der Fa. Bayer zu Depot-Insulin verarbeitet wurde und für viele Tausende von Diabetikern die Versorgung sicherstellte zu einer Zeit, als dieses Medikament in Deutschland nicht vorhanden war."[105]

Auf Anregung des Päpstlichen Hilfswerks wurden im August 1948 und im August 1949 je 250 unterernährte deutsche Kriegsopferkinder (Kriegswaisen, Heimatvertriebene, Ausgebombte) in einen vierwöchigen Erholungsurlaub in Cattolica an der Adria vermittelt.

Die zweite Quelle der materiellen Hilfe waren ausländische katholische Wohlfahrtsorganisationen, die mit ihren Leistungen auf päpstliche Appelle antworteten. Als Beispiele seien angeführt: die amerikanische National Catholic Welfare Conference (NCWC), die französische Sécours Catholique, das englische Catholic Comittee for Relief Abroad, die holländische Caritas Missie. Hinzu kommen argentinische, irische und belgische Organisationen. Die Leistungen aus ehemaligen Feindstaaten besaßen nicht nur materielle Bedeutung, die besiegten Deutschen sahen in ihnen auch ein Zeichen der Solidarität.

Die dritte Quelle wurde durch zahllose private Spenden aus den USA gespeist. Es war Muench selbst, der diese Hilfsquelle von Kronberg aus erschloß. Sie erwies sich als die für die Besatzung der Mission arbeitsintensivste. Sie war es auch, die den Ruf der Villa Grosch als Zentrale christlicher Wohltätigkeit begründete und zum Ziel zahlreicher Hilfesuchender werden ließ.

Muench öffnete die Quelle vor allem durch Bittbriefe. Er schrieb zum Beispiel von Kronberg aus an alle US-amerikanischen katholischen Priester mit deutschen und ähnlich klingenden Familienna-

---

[105] Feldkamp, Michael F. (Hrsg.), Die Beziehungen der Bundesrepublik zum Heiligen Stuhl 1949–1966, Köln-Weimar-Wien 2000, S. 48.

men und bat sie – persönlich und zusammen mit ihren Pfarrangehörigen – den notleidenden Deutschen zu helfen.

Barry zählt Beispiele dieser Hilfen auf:
Muenchs priesterlicher Freund, Monsignore James W. Nellen aus Milwaukee, sandte 562 Pakete und Tausende von Dollars nach Kronberg.

Fred D. Hauser aus Chicago schickte Anzugstoffe im Wert von 5 000 Dollar. Muench fragte daraufhin an, ob er davon Stoff für einen eigenen Anzug abzweigen dürfe. Der Apostolische Administrator besaß damals nur einen einzigen.

Eine Frauenvereinigung aus Muenchs bitterarmer Diözese in North Dakota, die Fargo Catholic Daughters of America, sandten 345 Kisten mit Baby- und Kinderkleidung.

Die Missionary Association of Catholic Women in Milwaukee schickte Meßgewänder, Kelche und Geld, die Muench vornehmlich an heimatvertriebene Priester weitergab.

Dreizehn nordamerikanische Erzdiözesen und Diözesen gewährten ebenso wie zahlreiche Organisationen, wie z. B. der „Catholic Central Verein of America" mit Sitz in St. Louis regelmäßige Hilfe.[106]

Amerikanische Geldspenden nutzte die Vatikanmission auch, um CARE-Pakete zu kaufen und sie direkt an notleidende Menschen verschicken zu lassen.[107]

Muench sorgte dafür, daß alle Spender Dankesbriefe erhielten. Die vom Bischof selbst verfaßten Schreiben schlossen mit den Worten, die er von seinem sudetendeutschen Vater gelernt hatte: „Vergelts Gott."

---

[106] Barry, FN 6, S. 98ff. Regelmäßige Hilfe kam aus den Erzdiözesen Detroit, Chicago, Cincinnati, Saint Paul, Milwaukee und Saint Louis, aus den Diözesen der Bundesstaaten Dakota und Minnesota, sowie aus den Diözesen Fort Wayne, Wichita, Covington und Baker.

[107] CARE Abk. für Cooperative for American Remittances to Europe. Diese 1946 in den USA gegründete private Hilfsorganisation ermöglichte amerikanischen Spendern den Transfer standardisierter Hilfspakete nach Europa.

Die Sorge um die Heimatvertriebenen

Der Zweite Weltkrieg führte zu einer Bevölkerungsverschiebung in Europa, die in der Geschichte ohne Beispiel ist. Sie verlief in ost-westlicher Richtung und betraf vor allem Deutsche.

Heimatvertriebene Deutsche im Flüchtlingslager Sandbach im Odenwald 1946.

Schon 1944 waren viele Menschen – vor allem aus Ostpreußen, Danzig und Oberschlesien – vor der nach Westen vordringenden Roten Armee geflüchtet. Unmittelbar nach Kriegsende begann dann die Vertreibung der Deutschen aus den von den Sowjets besetzten Gebieten jenseits der Oder und Neiße einschließlich des Sudetenlandes. Die Vertreibungen aus Ungarn setzten mit zeitlicher Verzögerung im Frühjahr 1946 ein.

Das Potsdamer Abkommen vom 2. August 1945 nahm in seinem Artikel XIII die weitgehend bereits in Gang befindliche Überführung der „deutschen Bevölkerung oder Bestandteile derselben" aus Polen, der Tschechoslowakei und Ungarn zur Kenntnis.

Es bestimmte – auf Wunsch der ansonsten tatenlos zusehenden Vertreter der Westmächte – „daß jede derartige Überführung [...] in ordnungsgemäßer und humaner Weise erfolgen" sollte. Schließlich ersuchte es die betroffenen Regierungen, „weitere Ausweisungen der deutschen Bevölkerung einzustellen", bis eine „gerechte Verteilung dieser Deutschen auf die einzelnen Besatzungszonen" gewährleistet sei.[108]

---

[108] Potsdamer Abkommen, FN 2, Abschnitt XIII.

Das Potsdamer Abkommen vermochte die Vertreibung der Deutschen völkerrechtlich nicht zu legitimieren. Es war kein Umsiedlungsvertrag. Deutschland hat daran nicht mitgewirkt. Daneben verstieß die Vertreibung eklatant gegen das fundamentale Menschenrecht auf Heimat. Sie war insgesamt betrachtet ein rechtswidriger Akt brutaler Gewalt.[109]

Im übrigen blieben die von den Westalliierten gleichsam als Alibi in den Artikel XIII des Potsdamer Abkommens eingeführten Normen hinsichtlich des Verfahrens der „Überführung" weithin unbeachtet. Weder wurden die Vertreibungen nach der Unterzeichnung des Potsdamer Abkommens vorläufig eingestellt, noch vollzogen sie sich in der Regel geordnet und human, vielmehr vielerorts mit unbeschreiblicher Grausamkeit.

11,66 Millionen Menschen wurden nach den Feststellungen des Statistischen Bundesamtes nach dem Zweiten Weltkrieg aus dem Gebiet des ehemaligen Deutschen Reiches und aus den deutschen Siedlungsgebieten im Osten vertrieben, oder sie sind geflüchtet. Hinzu kommen 2,3 Millionen Deutsche, deren Schicksal im einzelnen ungeklärt blieb. Sie starben infolge rechtswidriger Vergeltungsmaßnahmen der Vertreiber, durch Verhungern während der Flucht bzw. der „Überführung", oder sie wurden in die Sowjetunion verschleppt. Die Statistiker sprechen von Vertreibungsverlusten.[110]

Pius XII. wandte sich schon frühzeitig gegen „diese unheilvolle Art der Menschenverschiebung".[111] In einem Handschreiben an die deutschen Bischöfe vom 1. März 1948 verurteilte der Papst alle Versuche, die Vertreibung der Deutschen mit Behauptungen einer angeblichen Kollektivschuld der Vertriebenen zu rechtfertigen. Mit Blick auf die von deutscher Seite begangenen Verbrechen schrieb er: „Wir glauben zu wissen, was sich während der Kriegsjahre in den weiten Räumen von der Weichsel bis zur Wolga abgespielt hat. War es jedoch erlaubt", so fügte der römische Pontifex hinzu, „im Ge-

---

[109] Gornig, Gilbert, Völkerrechtswidrigkeit von Vertreibung und entschädigungsloser Enteignung der Sudetendeutschen, in: Forum für Kultur und Politik, 16, Bonn 1996, S. 3–44 (14–15).
[110] Statistisches Bundesamt, Die deutschen Vertreibungsverluste, Wiesbaden 1958, S. 38 und 46.
[111] Ansprache an das Kardinalskollegium am 20. 2. 1946, in: Utz–Groner, FN 4, Tz. 4100.

genschlag zwölf Millionen Menschen von Haus und Hof zu vertreiben und der Verelendung preiszugeben? Sind die Opfer jenes Gegenschlags nicht in der ganz überwiegenden Mehrzahl Menschen, die an den angedeuteten Ereignissen und Untaten unbeteiligt, die ohne Einfluß auf sie gewesen waren?"[112]

Der Auftrag des Papstes an seinen Apostolischen Visitator Muench, sich der Not der Heimatvertriebenen mit Vorrang anzunehmen, stimmte mit dessen eigenen Wünschen haargenau überein. Diese wurzelten auch in seiner Familiengeschichte. Muench hatte vor Augen, daß die Verwandten und Nachbarn seines im Böhmerwald geborenen Vaters zu denen gehörten, denen die Heimat genommen wurde.

In den ersten Nachkriegsjahren nahm die öffentliche Meinung der Welt von der Vertreibung von Millionen Deutschen und den grausamen Umständen dieser Vertreibung so gut wie keine Kenntnis. „Offenbar haben sich die Sieger", so urteilt de Zayas, „nachdem der Krieg gewonnen war, nicht verpflichtet gefühlt, die Grundsätze zu überprüfen, für die sie den Krieg geführt hatten, oder dafür zu sorgen, daß diese Grundsätze nun im Frieden beachtet wurden."[113]

Es gab wenige Berichte über die Leiden der Deutschen. Die sie zur Kenntnis nahmen, entwickelten eine innere Sperre gegen den Inhalt dieser Botschaft, was angesichts des zeitgleichen Bekanntwerdens der Verbrechen in deutschen Konzentrationslagern nicht völlig unverständlich ist.

Muench hielt es geboten, seine amerikanischen Landsleute mit dem Unrecht und den grauenvollen Umständen der Vertreibung der Deutschen vertraut zu machen. Insbesondere in seinem Fastenhirtenbrief 1947, den er in Kronberg verfaßte, widmete er sich diesem Thema. Das Pastoralschreiben war an die Katholiken seiner Diözese Fargo gerichtet. Der Bischof konnte aber davon ausgehen, daß seine Worte in den Vereinigten Staaten insgesamt zur Kenntnis genommen werden.

Muench stützte seine Aussagen auf zahlreiche Gespräche, die er mit Heimatvertriebenen, insbesondere mit vertriebenen Priestern

---

[112] Wuestenberg, Bruno und Zabkar, Josef, Der Papst an die Deutschen, Frankfurt a. M. 1956, S. 139

[113] de Zayas, Alfred H., Die Anglo-Amerikaner und die Vertreibung der Deutschen, 10. Aufl., Berlin 1999, S. 27.

geführt hatte. Die wichtigsten Passagen des Hirtenbriefs sind im zweiten Teil des Anhangs dokumentiert.

Von großem Wert waren Muenchs mutige Worte auch für die Heimatvertriebenen selbst, die sich ohne eigene Schuld als mit dem Verlust ihrer Heimat Bestrafte fühlten. Prälat Dr. Adolf Kindermann schrieb dazu folgendes: „Erzbischof Dr. Alois Muench hat uns Heimatvertriebenen unschätzbare Dienste geleistet. Als Bischof der Diasporadiözese Fargo in Nord Dakota benutzte er die Gelegenheit der Fastenhirtenbriefe, um seine amerikanischen Landsleute auf das Kreuz der Vertreibung hinzuweisen. So wie es einst, in den Jahren des Naziterrors, die Briefe des unerschrockenen Bischofs und späteren Kardinals von Galen, des „Löwen von Münster" waren, die in ungezählten Abschriften wie ein Lauffeuer durch Deutschland und ins Ausland drangen, so waren es nun die Hirtenbriefe Muenchs, die uns in jenen Jahren der Austreibung aufrichteten und ermunterten."[114]

In Muenchs Mission der Nächstenliebe standen die Heimatvertriebenen an der Spitze der materiellen Hilfen. Der Präsident des Deutschen Caritasverbandes berichtete 1950, daß bei den Vatikanspenden „die Flüchtlinge mit mindestens 50%" berücksichtigt wurden.[115]

Die Unterbringung der Heimatvertriebenen veränderte die in den einzelnen deutschen Landschaften größtenteils seit Jahrhunderten vorherrschende Konfessionsstruktur. Am Beispiel des Bundeslandes Hessen wird dies überdeutlich. Am Tag der ersten Volkszählung in der Bundesrepublik, am 13. 9. 1950, bekannten sich dort 26,4% der einheimischen Bevölkerung als Mitglieder der römisch-katholischen Kirche, von den zu diesem Zeitpunkt in Hessen lebenden Heimatvertriebenen jedoch nannten 63,8% dieses Religionsbekenntnis. Am Stichtag der Volkszählung wohnten in Hessen 908 986 einheimische und 459 506 heimatvertriebene Katholiken. Die Katholikenzahl hatte sich durch den Zustrom der Heimatvertriebenen also um 50% erhöht.[116]

---

[114] Kindermann, Adolf, Dem Vertreter des Heiligen Vaters zum 70. Geburtstag, in: Mitteilungen für die heimatvertriebenen Priester, Königstein 1959, Nr. 3, S. 37.
[115] Vgl. den Bericht bei Feldkamp, FN 105, S. 49.
[116] Reichling, Gerhard, Die Heimatvertriebenen im Spiegel der Statistik, Berlin 1958, S. 402f.

Ein großer Teil der Heimatvertriebenen mußte deshalb an solchen Orten seelsorglich betreut werden, an denen seit den Tagen der Reformation keine Eucharistiefeier mehr stattgefunden hatte. Die in der nationalsozialistischen Zeit angesichts gemeinsamer Verfolgung gewachsene ökumenische Gesinnung bewährte sich. Viele evangelische Kirchengemeinden stellten den Katholiken ihre Gottesdiensträume bereitwillig zur Verfügung (und umgekehrt).

Die Kronberger Mission mühte sich um Hilfe für die etwa 3000 Priester, die zusammen mit ihren Gemeinden vertrieben worden waren und in den meisten Fällen während der Flucht und in den Aufnahmegebieten bei ihren Gemeinden verblieben. Diese Priester waren zunächst mittellos und warteten darauf, in die Diözesen Restdeutschlands aufgenommen zu werden. Muench sammelte Meßstipendien in den USA, die er an diese Priester weiterleitete.

Wie aber konnte man den vertriebenen Theologiestudenten und Priesteramtskandidaten helfen? Ihr Priesterberuf durfte den widrigen Zeitumständen nicht zum Opfer fallen. Und da in den ersten Nachkriegsjahren noch viele hofften, daß die Vertreibung ganz oder teilweise rückgängig gemacht werden könnte, sollten die jungen Theologen als Gemeinschaft gestärkt und schon während des Studiums mit den Traditionen ihrer Heimat und den spezifischen Aufgaben vertraut gemacht werden, die sie im Falle einer Rückkehr zu erfüllen hätten.

Unter anderem aus diesen Gründen entstand der Plan, heimatvertriebene Theologiestudenten in einem eigenen Seminar zu sammeln. Dem Limburger Diözesanpriester Albert Büttner, der eine kirchliche Hilfsstelle für Heimatvertriebene in Frankfurt a. M. leitete, gelang es – ermutigt durch P. Ivo Zeiger – im Juni 1946 das Gelände der ehemaligen Reichsarbeitsdienst-Kaserne in Königstein im Taunus für diesen Zweck anzumieten; ein Grundstück mit einer Fläche von 54 984 qm, das unter anderem mit zwei großen Mannschaftsgebäuden, einem Lazarettgebäude und einer Turnhalle bebaut war. Als Vermieter fungierte das neue Bundesland Hessen, das gemäß Kontrollratsdirektive Eigentümer dieses Teils des Reichsvermögens geworden war.

Zunächst wurde dort ein Gymnasium eingerichtet, das am 2. Dezember 1946 mit dem Unterricht begann.[117]

Am 4. Februar 1947 fiel dann die Entscheidung über die Errichtung eines philosophisch-theologischen Kurses. Sie wurde durch Jo-

sef Kardinal Frings und zwei weitere deutsche Bischöfe getroffen, die nach Königstein gekommen waren. Pater Ivo Zeiger hatte die erforderliche päpstliche Genehmigung besorgt.[118] Das Studium stand zunächst unter Oberaufsicht der von Jesuiten geleiteten Hochschule St. Georgen in Frankfurt a. M.

Am Nachmittag des 4. Februar 1947 besuchte der Kölner Kardinal mit seiner Begleitung auch die Kronberger Mission.

Muench förderte die Königsteiner Anstalten nach Kräften. Schon 1946 hatte er sich auf Bitten des ehemaligen Rektors des deutschen Priesterseminars in Prag mit Erfolg bemüht, die Bibliothek dieses Seminars aus der Tschechoslowakei nach Königstein zu holen.[119]

1950 bewahrte er zusammen mit dem damaligen Bundeskanzler Konrad Adenauer die Gebäude vor der Beschlagnahme durch

Die Königsteiner Kasernen (Aufnahme aus dem Jahr 1960). Das moderne Gebäude links vom oberen Kasernenblock ist das 1955 erbaute Haus der Begegnung.

---

[117] Blumrich, Josef, Das Königsteiner Schulwesen, in: Stadtverwaltung, Königstein in Vergangenheit und Gegenwart, Königstein 1963, S. 165–192 (186).
[118] Schatz, Klaus, Geschichte des Bistums Limburg, Mainz 1983, S. 305.
[119] Herbrich, E., Alois Kardinal Muench, Königstein 1969, S. 31.

die amerikanische Militärregierung, die nach dem Ausbruch des Koreakrieges Truppenunterkünfte in der Nähe des Frankfurter Flughafens suchte und ein Auge auf die Königsteiner Kasernen geworfen hatte.[120]

Und als das Land Hessen im Sommer 1952 bereit war, das Königsteiner Gelände an das Albertus-Magnus-Kolleg e. V. zu verkaufen,[121] kümmerte sich Muench – nunmehr Nuntius in Bonn – um amerikanische, finanzielle Unterstützung.

Die Philosophisch-Theologische Hochschule Königstein beendete 1977/1978 ihren Studienbetrieb. 417 ihrer Absolventen sind zu Priestern geweiht worden.[122]

Displaced Persons: Seelsorge und Auswanderung

Unabhängig von den deutschen Bischöfen sollte sie geregelt werden: die Seelsorge an den Displaced Persons, die sich am Ende des Krieges in den vier Besatzungszonen Deutschlands befanden. Dieser Wunsch der alliierten Mächte entsprach, wie Bischof Muench nüchtern feststellte, „der 1945 herrschenden Haßstimmung vieler Ausländer gegen alle Deutschen."[123] Und da die Seelsorge an diesen Menschen nicht unterbleiben sollte, war der Wunsch des Papstes, zu diesem Zweck einen Apostolischen Visitator nach Deutschland zu entsenden, in den Augen der amerikanischen Besatzungsmacht begründet.

Von den rund 6,5 Millionen von der UNO und den Besatzungsbehörden als Displaced Persons anerkannten Menschen, die sich am Tag der Kapitulation, am 8. Mai 1945, in Deutschland aufhielten, wurden über 4 Millionen bis zum 31. Juli des gleichen Jahres in ihre Heimat zurückgebracht.

---

[120] Herbrich, E., FN 119, S. 70f.
[121] Hessischer Landtag, II. Wahlperiode, Drucksache 505 v. 30. 9. 1952.
[122] o. V., Hochschule steht im letzten Semester, Taunus-Zeitung vom 21. Nov. 1977.
[123] Visitator Apostolicus in Germania, Neuregelung der seelsorglichen Betreuung der Displaced Persons, Dezember 1948, S. 1. Historisches Archiv des Erzbistums Köln, CR II 25. 18. 3.

Das Motiv für diese außergewöhnliche Kraftanstrengung der Besatzungsmächte lag nicht zuletzt in der objektiven Unmöglichkeit, eine so große Anzahl von Menschen im Deutschland des Jahres 1945 hinreichend zu ernähren.

Von den zurückgebliebenen rund 2 Millionen Displaced Persons, die zum überwiegenden Teil in Lagern untergebracht wurden, waren 342 000 katholischer Konfession.[124]

Die Mehrzahl der Zurückgebliebenen stammte aus Osteuropa. Vehement widersetzten sich viele von ihnen einer Rückkehr in ihr Heimatland, weil sie dort mit Repressalien, ja mit Gefahren für Leib und Leben, von Seiten der neuen Herren, der Sowjetunion bzw. ihrer Vasallen, rechnen mußten.

Versuche der Sowjetunion, eine Zwangsrepatriierung dieser Menschen durchzusetzen, stießen auf westlichen Widerstand. Die UNO forderte durch Beschluß ihrer Vollversammlung vom 12. Februar 1946, daß kein Flüchtling oder Verschleppter gezwungen werden soll, in sein Heimatland zurückzukehren, es sei denn, er könne dort kraft internationaler Übereinkunft als Kriegsverbrecher oder Verräter bestraft werden. Internationale Organisationen sollten sich um die Zukunft dieser Flüchtlinge und verschleppten Personen kümmern.[125]

Der Kronberger Mission gehörten acht Priester unterschiedlicher Nationalität an, die sich unverzüglich noch im Jahre 1945 um die ihnen übertragenen Seelsorgaufgaben kümmerten.

Die DP-Seelsorge wurde getrennt nach Nationalitäten organisiert. Jede Nationalgruppe bildete praktisch eine Personalgemeinde mit Stützpunkten in den drei westlichen Besatzungszonen. Auch andere als die Kronberger Priester der jeweiligen Nationalität arbeiteten in diesen Personalgemeinden mit. Muench ernannte für jede Nationalgruppe einen Nationaldelegaten, auf den er einen Teil der ihm vom Papst übertragenen Vollmachten in Tauf-, Beicht- und Eheangelegenheiten übertrug und die seiner Weisung unterstanden.

---

[124] Barry, FN 6, S. 160
[125] Institut für Besatzungsfragen, Das DP-Problem, Tübingen 1950. Bei den internationalen Organisationen handelt es sich um die UNRRA (United Nations Relief and Rehabilitation Administration) und nachfolgend die IRO (International Refugees Organisation).

Gruppenbild im Garten der Villa Grosch mit (von rechts) Dr. Octavian Barlea, Nationaldelegat für die rumänischen Displaced Persons, Ivo Zeiger, Bischof Muench und Antionio Giovannetti.

Daß sich Muench auch um die materielle Lage der ihm anvertrauten Menschen kümmerte, entsprach seinem Verständnis des priesterlichen Dienstes.

Der rumänische Priester Dr. Octavian Barlea, Nationaldelegat für die rumänischen Displaced Persons, berichtete aus seiner damaligen Arbeit unter anderem das folgende: „In den ersten Jahren verließ ich Kronberg monatlich, um zwei bis drei Wochen mit Gruppen von Flüchtlingen zu verbringen. Es waren ausgedehnte Reisen erforderlich, um unsere Landsleute aufzusuchen. Wir nahmen Geschenkpakete mit, deren Inhalt Bischof Muench gesammelt und in Kronberg verpackt hatte. Ich fuhr nach Heidelberg, Mannheim, Karlsruhe, Stuttgart und Umgebung, Augsburg, Donauwörth, München, Freising, Moosburg, Kempten und Nürnberg [...] Oft legte ich bei amerikanischen, englischen und französischen Militärbehörden Fürsprache für die Flüchtlinge ein und erreichte manche Erleichterung."[126]

Die Suche nach einer dauerhaften Bleibe für die Menschen, die sich standhaft weigerten, in ihre (osteuropäischen) Heimatländer zurückzukehren, erwies sich als ein überaus zähes politisches Problem. Deutschland – der ehemalige Feindstaat – sollte kein Ort des Daueraufenthaltes sein und konnte dies auch nicht. Das Land war von heimatvertriebenen Deutschen überflutet.

Die Aufnahmebereitschaft der Siegerstaaten war nicht allzu groß. Es bedurfte intensiver Überzeugungsarbeit der UNO, um sie zur Gewährung einer hinreichenden Einwanderungsquote zu bewegen.

Der für die Seelsorge an den katholischen Displaced Persons zuständige Bischof Muench schaltete sich in die Bemühungen der UNO ein, und er unterstützte sie. In zahlreichen Eingaben wandte er sich an die Bischöfe in den Vereinigten Staaten, in Kanada und in Westeuropa.

In seinem Fastenhirtenbrief 1947 stellte er fest, daß das zerstörte Deutschland diese zusätzliche Bürde nicht verkraften könne, aber auch in anderen Nationen seien die Displaced Persons nicht erwünscht. „Wenn jedes Land der Vereinten Nationen", so schrieb Muench, „seinen verhältnismäßigen Anteil an diesen armen Menschen aufnehmen würde, etwa von 5 000 bis 50 000 Personen, wäre das Problem schnell gelöst. Dabei würden diese Ausgetriebenen zum größten Teil ein wirtschaftlicher Vorteil sein für jedes Volk, gar nicht zu sprechen von der moralischen Verpflichtung, die die wohlhabenden Nationen und jene Länder, die über reiche Hilfsquellen verfügen, denen gegenüber, die in Not sind, tragen."[127]

Muench wandte sich in dieser Sache auch an den damaligen Präsidenten der Vereinigten Staaten Harry S. Truman. In einer Audienz im Weißen Haus am 8. Februar 1949 trug er ihm vornehmlich dieses Anliegen vor.

Die Aussiedlung der Displaced Persons aus Deutschland wurde nur unvollständig erreicht. 1952 befanden sich noch 140 000 von ihnen im Bundesgebiet.[128] Sie wurden allmählich in die deutsche Gesellschaft integriert.

---

[126] Barry, FN 6, S. 343.
[127] Anhang II.

Mit Wirkung vom 1. Januar 1949 hat Papst Pius XII. die kirchenrechtliche Jurisdiktion über die Displaced Persons an die deutschen Bischöfe übertragen.

Die vatikanische Mission in Kronberg überließ der deutschen Hierarchie ein intaktes Seelsorgenetz, das in neun (osteuropäischen) Nationalgruppen organisiert war. Sechs dieser Gruppen praktizierten den lateinischen, drei – die Russen, Ukrainer und Rumänen – den orientalischen Ritus.

Muench empfahl seinen bischöflichen Mitbrüdern in Deutschland, die bisherigen Nationaldelegaten als Sonderbeauftragte beizubehalten. Sie seien seit drei Jahren verdienstvoll tätig, nach seinem Wissen würdige und erfahrene Priester und könnten „in jeder Hinsicht die besten Berater und Helfer bei der Lösung der neu entstandenen Aufgabe sein."[129]

Übrigens: Mit der von den Besatzungsmächten zu diesem Zeitpunkt nicht beanstandeten Übertragung der kirchenrechtlichen Jurisdiktion über die Displaced Persons an die deutschen Bischöfe hatte sich für die Kronberger Mission Grundlegendes geändert: Der tragende besatzungsrechtliche Grund für die Stationierung einer vatikanische Mission in Deutschland war entfallen.

Daß nunmehr weder in den USA noch in Deutschland irgendjemand die Auflösung dieser Mission forderte, spricht für die allgemeine Anerkennung, die sie sich erworben hatte. Sie blieb in Kronberg.

Von Eichstätt über Kronberg nach Rom

Die zuständigen amerikanischen Militärbehörden für die Stadt und den Landkreis Eichstätt behandelten die Apostolische Nuntiatur in Eichstätt von Anfang an mit ausgewählter Vorsicht. Die US-Offiziere spürten, daß die Anwesenheit eines päpstlichen Nuntius in ihrem Kommandobezirk eine Situation von höchster diplomatischer Brisanz (high level diplomatic complications) geschaffen hatte. Einen Antrag des Nuntius an die Militärbehörden über die Wiedereröffnung des Augsburger Priesterseminars erwogen sie mit großer

---

[128] Bundesministerium für Vertriebene, Tatsachen zum deutschen Vertriebenenproblem, Bonn 1957, Tafel 2.
[129] Visitator Apostolicus, FN 123, S. 4.

Sorgfalt (very careful consideration). Von Fall zu Fall gaben sie Meldungen des Nuntius nach Rom über ihre Nachrichtennetze weiter. Nach dem Tod des Nuntius Cesare Orsenigo am 1. April 1946 begleitete Captain Raymond J. Towle von der Eichstätter Kommandantur seinen Leichnam nach Rom; eine außergewöhnliche Geste. Der amerikanische Offizier wurde dort vom Substituten des Staatssekretariates Giovanni Battista Montini und sogar vom Papst empfangen. Der Vatikan verlieh ihm den Titel cameriere segreto di spada e cappa.[130] Es waren dies Zeichen des Dankes, welche die Hoffnung der Kurie in sich bargen, daß das Wohlwollen der lokalen Militärbehörden gegenüber der Nuntiatur möge erhalten bleiben.

Nach dem Kirchenrecht erfüllen Apostolische Nuntien sowohl diplomatisch-politische als auch innerkirchliche Aufgaben.[131] Daß es der Eichstätter Nuntiatur nach dem 8. Mai 1945 faktisch unmöglich war, diplomatisch-politische Funktionen zu erfüllen, ist offenkundig. Dem besiegten Deutschland fehlte eine zentrale Staatsgewalt, die bereit war, Vertretungen ausländischer Staaten zu akzeptieren.

Aber auch die Erfüllung innerkirchlicher Aufgaben des Nuntius, zu denen insbesondere die Übermittlung von Nachrichten über die kirchliche Situation des betreffenden Landes, die Pflege der Beziehungen zu den Bischöfen und den Bischofskonferenzen sowie die Weiterleitung der Namen von Kandidaten für Bischofsernennungen gehören, erwartete der Papst offenkundig nicht von seinem deutschen Nuntius, sondern von seinem deutschen Visitator, dem Bischof Alois Muench.

Muench verfügte über Bewegungsfreiheit in den drei westlichen Besatzungszonen, ihm war auch der direkte Telefonverkehr mit dem Vatikan gestattet. Orsenigo hatte sich – politisch klug – zurückgehalten.

Die erste Anweisung Pius XII. an Muench vor dessen Start nach Kronberg umschloß eine der Nuntiatur vorbehaltene innerkirchliche Aufgabe. Muench sollte mit allen deutschen Bischöfen während der nächsten Fuldaer Bischofskonferenz Kontakt aufnehmen und ihnen eine Botschaft des Papstes überbringen. Muench kam

---

[130] Hürten, FN 8, S. 477f.
[131] Codex iuris canonici 1983, V can. 364 und 365.

Schreiben des Apostolischen Visitators zur Ernennung des Pfarrers Dr. Wilhelm Kempf zum Bischof von Limburg.

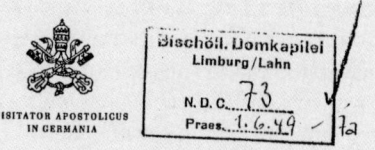

Bischöfl. Domkapitel
Limburg/Lahn
N.D.C. 73
Praes. 1.6.49

VISITATOR APOSTOLICUS
IN GERMANIA

Kronberg, den 28. Mai 1949
Unser Zeichen: Z/T
(bei Antwort bitte angeben)

Hochwürdigste, sehr verehrte Herren !

Soeben ist vom Staatssekretariat S.Heiligkeit, wie ich Ihnen bereits durch Telegramm vom 28. ds.Mts. mitgeteilt habe, die Nachricht eingetroffen, daß S.Heiligkeit, Papst Pius der XII. die vom hochwürdigsten Domkapitel Limburg getroffene Wahl des hochw. Herrn Dr. Wilhelm Kempf, Pfarrer bei Heilig-Geist in Frankfurt, zum neuen Bischof von Limburg gnädigst bestätigt und die Ernennung vollzogen hat.

Die amtliche Verkündigung wird am Montag den 30.Mai in der Abendnummer des Osservatore Romano erfolgen, also am Namenstag des hochseligen Vorgängers, Bischof Ferdinand.

Darüber hinaus wird dem Neuerwählten vom Heiligen Vater die Vollmacht gegeben sich die Bischofsweihe erteilen zu lassen und die Besitzergreifung seines hohen Amtes zu vollziehen, auch vor der Ankunft der an sich hierzu erforderlichen Bullen. Indem ich mir die Ehre gebe, dem hochwürdigsten Domkapitel diesen Entscheid Seiner Heiligkeit mitzuteilen, möchte ich Ihnen und durch Sie dem gesamten lieben Bistum Limburg meine herzlichen Glückwünsche aussprechen. Ich verbinde damit meine Gebete, daß Gottes reicher Segen den neuen Oberhirten in seinem Apostolischen Wirken immerdar begleiten möge zum Wohle des tapferen Klerus und des treuen Volkes der Diözese Limburg.

In aller Verehrung verbleibe ich, hochwürdigste Herren,

Ihr Ihnen

sehr ergebener in Xo.

Bischof von Fargo
Apostolischer Visitator.

An das
Hochwürdigste Domkapitel
Limburg a.d.Lahn

dieser Anweisung nach, nachdem er sich sorgfältig auf ihre Erfüllung vorbereitet hatte. In seinen ersten Kronberger Wochen studierte er unter der Anleitung P. Zeigers die Situation der deutschen Diözesen und die Lebenswege ihrer Bischöfe.[132]

---

[132] Barry, FN 6, S. 129.

Muench handelte – so formulierte es Barry – „privat und de facto" – als Nuntius. Der Assistent der Nuntiatur reiste wöchentlich von Eichstätt nach Kronberg und legte Muench die Dokumente der Nuntiatur zur Prüfung vor. Muench leitete sie von Kronberg nach Rom weiter.

Nach dem Tod des vom Vatikan eingesetzten Geschäftsführers der Nuntiatur, Monsignore Carlo Colli, am 1. Februar 1947 in Eichstätt wurde der Pendelverkehr zwischen den beiden päpstlichen Dienststellen im Altmühltal und in Kronberg gleichsam offiziell approbiert.

Zufällig weilten Muench und Zeiger in den ersten Februartagen 1947 zu Gesprächen in Rom. Sie konferierten mit den beiden Substituten im Staatssekretariat Montini und Tardini und mit dem Privatsekretär des Papstes Pater Robert Leiber. Sie wurden beide auch vom Papst in Privataudienz empfangen.

Hinsichtlich der Nuntiatur in Eichstätt wurde folgendes vereinbart: Sie soll bestehen bleiben. Monsignore Hack soll die Tätigkeit dort fortsetzen. Die Berichte nach Rom sollen über die Mission in Kronberg geleitet werden.

Am 21. Oktober 1949 ernannte der Papst – wir haben es oben dargestellt – Bischof Muench zum Regenten der Apostolischen Nuntiatur. Aller Schriftverkehr mit der Nuntiatur wurde vom 1. Januar 1950 an direkt nach Kronberg geleitet. Der juristische Sitz der Nuntiatur in Eichstätt blieb unangetastet.

Es ist also davon auszugehen, daß der Apostolische Visitator bei den zwischen Oktober 1945 und Mai 1951 ausgesprochenen Ernennungen deutscher Diözesanbischöfe in gleicher Weise – also bereits im Auswahlverfahren – mitgewirkt hat, wie dies bei Nuntien in Deutschland üblich war und ist. Das Domkapitel der Diözese Limburg wurde beispielsweise durch Schreiben vom 18. Mai 1949 vom Apostolischen Visitator in Kronberg davon unterrichtet, daß der Papst seine Bischofswahl bestätigt habe. Damals wurde der Pfarrer der Frankfurter Pfarrei Heilig Geist, Dr. Wilhelm Kempf, zum Bischof ernannt.[133]

---

[133] Schreiben des Apostolischen Visitators an das Hochwürdigste Domkapitel Limburg a. d. L., Diözesanarchiv Limburg 58D (1945–67).

Hier werden die Fundamente verschoben – Pater Zeigers große Rede auf dem Katholikentag 1948

1947 – wir haben es oben bereits angedeutet – leiteten die Westmächte – insbesondere die beiden angelsächsischen – zaghaft aber erkennbar einen Kurswechsel ihrer Besatzungspolitik ein. Der tiefer werdende Ost-West-Gegensatz hatte die Erkenntnis verfestigt, daß es nicht in westlichem Interesse liegen könne, den Aufbau einer industriellen Friedenswirtschaft in ihren Besatzungszonen länger zu blockieren.

Am 29. Mai 1947 änderten die USA und Großbritannien die von ihnen erlassenen Vorschriften über den wirtschaftlichen Zusammenschluß ihrer Besatzungszonen mit dem Ziel, ökonomisch nachteilige Reibungsverluste zukünftig auszuschließen.

Am 11. Juli 1947 hob die US-Regierung die Direktive JCS 1067 auf und ersetzte sie durch eine wesentlich konstruktivere neue Anweisung an ihren Militärgouverneur in Deutschland (JCS 1779).[134]

Angesichts der offenkundig fruchtlosen Verhandlungen über eine gesamtdeutsche Währungsreform berieten die Vereinigten Staaten und das Vereinigte Königreich insgeheim über eine auf die westlichen Besatzungszonen beschränkte Neuordnung des Geldwesens, die dann unter Teilnahme Frankreichs am 21. Juni 1948 in Kraft trat.

Was ihre wirtschaftliche Lage betraf, gab es für die Deutschen – zumindest für die in den westlichen Zonen lebenden – nunmehr Anlässe neuer Hoffnung. Nur allzu verständlich ist, daß sie auch aus dem Schatten der politischen Verachtung herauszutreten wünschten, in den sie durch die Aufdeckung nationalsozialistischer Greueltaten geraten waren. Daß 1948 hundert Jahre seit dem Ausbruch der Märzrevolution in den Staaten des Deutschen Bundes vergangen waren, bot willkommenen Anlaß, daran zu erinnern, daß Demokratie und Rechtsstaat auch in der deutschen Geschichte über kräftige Wurzeln verfügen. Trotz großen Materialmangels war es der Stadt Frankfurt a. M. gelungen, die zerstörte Paulskirche, das Symbol dieser Freiheitsbewegung, so zügig wiederaufzubauen, daß sie am 18. Mai 1948, genau 100 Jahre nachdem die erste freige-

← *Der Mainzer Dom während einer Veranstaltung des Katholikentages 1948. Im Hintergrund (Ostchor) sind die Kriegsschäden noch deutlich erkennbar. Im Vordergrund links Offiziere der französischen Besatzungsmacht.*

---

[134] Directive to the Commander in Chief of the US-Forces of Occupation (JCS 1779) vom 11. Juli 1947, Fundstelle vgl. FN 16, S. 33–41.

Hier hat Ivo Zeiger seine Rede konzipiert. Der Jesuitenpater an seinem Schreibtisch in Kronberg.

wählte deutsche Nationalversammlung dort zusammengetreten war, wiedereröffnet werden konnte.

Auch für die katholischen Laien war 1948 ein Jubiläumsjahr. Am Entstehen der Freiheitsbewegung nicht unbeteiligt hatten die Katholiken des Jahres 1848 die Beendigung staatlicher Gängelei bei Vereinsgründungen genutzt und an zahlreichen Orten Pius-Vereine[135] für religiöse Freiheit ins Leben gerufen.

Noch im Oktober 1848 hatte der Mainzer Pius-Verein zu einer Generalversammlung der katholischen Vereine ins kurfürstliche Schloß der alten Bischofsstadt geladen. Die gut besuchte Vertreterversammlung gilt heute als der erste deutsche Katholikentag.

Aber nicht nur dieses Jubiläum verschaffte dem 72. Deutschen Katholikentag, der im September 1948 in Mainz stattfand, besondere Beachtung. Auf das Essener Katholikentreffen des Jahres 1932 folgend, war er der erste nach der Zeit des Nationalsozialismus, und

---

[135] Die Vereine sind benannt nach dem damals regierenden Papst Pius IX. (1846–1878).

er stand – wenige Wochen nach der Währungsreform – erkennbar an der Schwelle des Wiederaufbaus nach dem Zusammenbruch.

Die Katholiken wollten ihre Kräfte ebenso wie ihre Überzeugungen in diesen Wiederaufbau einbringen. „Nicht klagen – handeln" war das Motto der Tage von Mainz.

Der Apostolische Visitator in Deutschland, Bischof Muench, nahm als Vertreter des Papstes an diesem Katholikentag teil.

Pater Ivo Zeiger, der Kanzler der vatikanischen Mission, hatte es übernommen, das Hauptreferat in der Vertreterversammlung der katholischen Verbände zu halten. Diese Vertreterversammlung, die neben der Schlußkundgebung im Mittelpunkt der öffentlichen Aufmerksamkeit stand, bildet – wie oben dargestellt – den eigentlichen Traditionskern der deutschen Katholikentage.

Zeiger sprach zu dem Thema „Die religiös-sittliche Lage und die Aufgabe der deutschen Katholiken". Bestandsaufnahme und Wegweisung sollte seine Rede bieten. Er hatte sie sorgfältig und in vielfältigen Kontakten mit seinem Mitbruder Robert Leiber, dem Privatsekretär des Papstes, vorbereitet, der seinerseits den Heiligen Vater unterrichtet hatte.[136] Zeiger sprach am 2. September 1948 im Kirchenschiff des Mainzer Doms, das trotz zweier Bombardierungen der Stadt einigermaßen unbeschädigt geblieben war.

Vornehmlich in den westlichen Besatzungszonen war die katholische Kirche in den ersten Nachkriegsjahren verhältnismäßig rasch wieder an das Licht der Öffentlichkeit getreten. Innerlich unbeschädigt hatte sie die Anfeindungen durch die Nationalsozialisten überstanden. Die Fahnen ihrer Verbände, insbesondere die vor der Hitler-Jugend versteckten Banner ihrer Jugendgruppen durften wieder öffentlich gezeigt werden. Durch die Trümmerwüsten vieler Städte zogen Fronleichnamsprozessionen mit eindrucksvoll großen Teilnehmerzahlen. Getragen von weitverbreitetem Respekt versuchten katholische Christen ihren Grundsätzen beim Aufbau einer neuen öffentlichen Ordnung Geltung zu verschaffen.

Vertreter laizistischer Gruppierungen hatten es zunächst schwerer, was manche zu dem Vorwurf bewog, die Kirche sei gleichsam zu einer „Nutznießerin des Zusammenbruchs" geworden.

---

[136] Barry, FN 6, S. 105.

Bereits im Januar 1948 hatte der Jesuit Zeiger in einem Aufsatz in den Stimmen der Zeit, das hohe Verdienst der evangelischen Pfarrer, die in der Not der Nachkriegsjahre ihre Kirchen für katholische Gottesdienste zu Verfügung stellten, ausdrücklich anerkannt. „Hier", so fügt er hinzu, sei „eine Denkweise aufgebrochen, die in Deutschland vor 1918 unvorstellbar war und uns alle zu ernster Besinnung anregen muß."[138]

Dann aber wandte sich Zeiger dem Gegenstand seiner drückendsten Sorge, dem inneren Besitzstand der katholischen Gemeinden zu: „Wie viele getaufte Katholiken sind denn noch katholisch (und) inwieweit ist der Mensch von heute dem christlichen Leben geöffnet?", fragte er im Mittelschiff des Mainzer Doms.

Auch wenn das offenkundig wiedererstarkte religiöse Leben der Nachkriegsjahre dem zu widersprechen scheine, in den tieferen Schichten der Menschen sei die Abkehr von der Kirche, die Entfremdung vom kirchlichen Leben weiterhin in Gang.

Als einen wesentlichen Gefahrenherd bezeichnete Zeiger die Tendenz zu Vermassung. Bereits der Erste Weltkrieg habe große Teile der Männerwelt in Gemeinschaftslager gebracht. Seit dem Beginn der nationalsozialistischen Herrschaft habe sich diese Tendenz verstärkt.

Das Lagerleben, berichtete der Jesuit, der als Kriegsgefangener einschlägige Erfahrungen gesammelt hatte, sei eine Lebensform, in welcher der Mensch in einem vorgegebenen System untergehe. In der Masse – und viele, ja selbst die Kirche, arbeiteten heute mit den Mitteln der Massenerfassung – werde den Menschen vorgesagt, was sie zu denken und zu sprechen hätten, und nur wenigen gelinge es, ein persönliches Eigenleben zu retten.

Hinzu trete, daß der heutige Mensch filmisch geworden sei. Die Musik sei zum treibenden Rhythmus ohne Seele geworden, die Zeitungen seien bebildert und böten ein wildes Gemenge von Überschriften und Sensationsnachrichten. „Wir sind", so sagte Zeiger – wohlgemerkt vor Beginn des Fernsehzeitalters – „ein Jahrhundert ohne Epos und ohne Lyrik geworden, ohne Beschauung und Sammlung, ohne Stetigkeit, Ruhe und innere Besinnlichkeit."

---

[138] Ivo, Zeiger, Um die Zukunft der katholischen Kirche in Deutschland, in: Stimmen der Zeit 1948 S. 241–252 (248f).

Die Weihnachtsliturgie sage von der Gottesmutter Maria, sie sei wie ein Ackerfeld, das Gottes zarten Tau aufnahm. Der Mensch von heute jedoch, habe „sich gegen den Platzregen von Worten und Bearbeitung eine Felskruste um die Seele gelegt." Es gehe nichts mehr – eben auch die Botschaft des Glaubens nicht – in die Tiefe. Damit aber schwinde in einer ganz tiefen Schicht der Besitzstand unserer Kirche, viel umfassender als es die materielle Verarmung der Kirche oder die geographische Verschiebung der Konfessionen zustande gebracht hätten. „Hier werden die Fundamente verschoben", rief Zeiger aus.

Niemand solle sich täuschen lassen, Deutschland sei ein Missionsland geworden und nur mit Missionsmethoden könne die Kirche – von unten – wieder aufgebaut werden. „O sagen sie es jedem, auch dem verzagtesten Katholiken im weiten Land, daß er sich als Samenkorn Gottes fühle, daß er mutig seine Wurzel in die Umwelt schlage und unser Erdreich erfülle. Mag die Ernte nicht mehr unser sein, mag sie zu dem 100. und 150. Katholikentag reifen, wenn sie nur Gottes ist", so rief es der Jesuit in das Kirchenschiff des romanischen Domes am Rhein.

Zeigers Rede wirkte aufrüttelnd. Unter der Überschrift „Deutschland – Missionsland" fand sie weite Beachtung. Wir sind es einem anderen großen Jesuiten schuldig, darauf hinzuweisen, daß die Bezeichnung unseres Landes als Missionsland nicht vom Kanzler der vatikanischen Mission in Kronberg als erstem verwendet wurde. Es war sein Mitbruder Alfred Delp, der am 22. 10. 1941 in einer Rede vor katholischen Männerseelsorgern[139] in Fulda diese Wertung erstmals gebrauchte.

Alfred Delp ist ein Märtyrer des zwanzigsten Jahrhunderts. Weil er die Männer des Kreisauer Widerstandskreises sozialpolitisch beraten hatte, verurteilte ihn der Volksgerichtshof zum Tod. Am 3. 2. 1945 wurde er in Berlin-Plötzensee erhängt.

---

[139] Delp, Alfred, Gesammelte Schriften" Bd. 1, Frankfurt a. M. 1982, S. 280.

Anhang

Bis zu seiner Auszeichnung mit dem Kardinalspurpur – also während seiner gesamten deutschen Zeit – war Alois Muench kirchenrechtlich Bischof von Fargo im US-Bundesstaat North Dakota.

Unter anderem durch jährliche Fastenhirtenbriefe blieb er mit den Katholiken seines Bistums verbunden. Amerikanische Katholiken waren also die Primäradressaten dieser Hirtenbriefe, die von den Kanzeln seines Bistums verlesen wurden.

Die Wirkung von Muenchs Hirtenbriefen der ersten Nachkriegsjahre beschränkte sich jedoch nicht auf North Dakota. Insbesondere seine Hirtenbriefe 1946 und 1947, die im folgenden auszugsweise dokumentiert werden, fanden landes-, ja weltweite Beachtung.

Die Zwischenüberschriften stammen vom Verfasser. Den Hirtenbrief 1946 verfaßte Muench noch in den USA vor seiner Abreise nach Deutschland, den für das Jahr 1947 in Kronberg i. Ts.

Fundstellen

Fastenhirtenbrief 1946: Historisches Archiv der Erzdiöze Köln: CR II 30. 5. 1.

Fastenhirtenbrief 1947: Kommission für Zeitgeschichte der Deutschen Bischofskonferenz: Bestand Königstein (Philosophisch-theologische Hochschule).

Fastenhirtenbrief 1946: Eine Welt in der Liebe

1. Liebet eure Feinde

Zum ersten Male in der Geschichte christlicher Völker machen machtvolle Regierungen durch amtliche Verordnungen die Ausübung der christlichen Caritas unmöglich. Es wird uns tatsächlich gesagt, daß es falsch ist, unsere Feinde zu lieben und denen Gutes zu tun, die uns Übles angetan haben. – Der christlichen Liebe wird es nicht erlaubt, die Rolle des guten Samariters zu spielen. Die Lebensmittelrationen für den Feind werden nach einer „Krankheits- und Unruhe"-Formel bemessen, sorgfältig nach Kalorien und nicht in Übereinstimmung mit den Gewichten und Maßen der christlichen Liebe bestimmt. – Schreckliche Meldungen über Verhungerung, Krankheit und Tod erreichen uns immer noch aus europäischen und asiatischen Ländern. Die Barbarei, die der Krieg in den Herzen der Menschen wachgerufen hat, ist unglaublich. Das Wort der Alten: „Homo homini lupus – Der Mensch ist zum Mitmenschen wie ein Wolf" – ist wieder wahr geworden. – Wir dürfen nicht länger schweigen. Wenn wir Christen nicht im Namen des Erbarmens, des Mitgefühls und der Caritas unsere Stimmen erheben, werden die Heiden in unserer Mitte es tun: In dieser haßerfüllten Zeit müssen wir es wagen, mutig zu sein und furchtlos unserer Überzeugung Ausdruck geben, damit die Furcht nicht zur „Erzeugerin der Grausamkeit" wird. – Wir dürfen uns nicht länger von der Furcht vor unseren Tugenden leiten lassen. Güte und Freigebigkeit müssen sich kühn hervorwagen und ihr Recht fordern, Wohltun gegen jeden in Not zu üben, sei er Freund oder Feind. – Wenn unsere Staatsmänner infolge ihrer Feigheit, gerade die Rechte der christlichen Barmherzigkeit zu verkünden, zu Zwergen zusammengeschrumpft sind, dann lasset uns, wenn auch in der bescheidenen Stellung als Bürger, zur vollen Statur Christi erheben und mit ihm das große Gottesgebot der Liebe proklamieren. Die Furcht darf uns nicht zu Verrätern an diesem Gebot machen.

2. Die Grausamkeiten Hitlers und Stalins

In Europa und Asien gelangten Gangster einer neuen Art, erbarmungslos und barbarisch, zu Machtstellungen. Sie brüsteten sich mit ihrer Totalitätsmacht, und mit Grund, denn sie kontrollierten nicht nur eine starke Geheimpolizei, sondern auch eine Militärgewalt von unerhörten Ausmaßen. Diese herzlosen und kaltblütigen Gangster-Machthaber errichteten Konzentrationslager, deren faktische Schrecknisse erst nach Kriegsende ans Licht kamen, vertilgten Millionen Menschen auf Grund der Theorie von Rasseninferiorität und schleppten die Massen aus jenen Ländern, die sie in blitzartiger Invasion überrannt hatten, in die Arbeitssklaverei. Nicht einmal die Jugend wurde verschont. Kinder von nur zehn Jahren wurden in die Sklaverei entführt und Säuglinge, von Müttern auf den Zügen ins Exil geboren, wurden aus den Fenstern geworfen. Lägen nicht Tatsachenberichte vor, solche Barbarei wäre unglaublich. – Die Besatzungsarmeen Hitlers und Stalins eröffneten eine Schreckensherrschaft in Polen, Finnland, den baltischen Staaten und in den Ländern im Südosten Europas.

3. Das Gebot der Gerechtigkeit

Machen wir uns nicht zu Teilnehmern an den Verbrechen Hitlers, indem wir jetzt genau dasselbe tun, was wir einst verurteilten und bekämpften? Die Heuchelei ist riesengroß. Die Tatsache, daß diese Zwangsarbeit jetzt als menschliche Reparation bezeichnet wird, ändert nichts an der Tatsache, daß es nichts weniger als Sklavenarbeit ist. Wir sind erbärmliche Heuchler, wenn wir nicht als Verbrechen brandmarken, was wir zu rügen uns beeilten, als es vom Feinde verübt wurde. Das Gebot der Gerechtigkeit hat keinen doppelten Maßstab für die Missetaten von Freund und Feind. – Schlimmer als Sklavenarbeit sind die Massenvertreibungen von ungefähr 20 000 000 Menschen – Polen, Ungarn, Bewohner der baltischen Staaten, Deutsche des alten Oesterreich und Preußen.

Von ihren angestammten Wohnstätten vertrieben, die in manchen Fällen auf Jahrhunderte zurückreichen, litten und starben diese verelendeten, entwurzelten, heimatlosen, hungrigen und verzweifelten Menschen, wie wenige vor ihnen in der Geschichte. Die Geheim- und Militärpolizei befahl ihnen in zahlreichen Fällen, innerhalb drei Stunden ihr Heim zu verlassen, und erlaubte ihnen nur sechzig bis siebzig Pfund Gepäck und nur genügend Lebensmittel bis zur Grenze mitzunehmen; das Geld wurde auf eine lächerlich niedrige Summe beschränkt; jeder sonstige Besitz wurde konfisziert. Die Geschichte schildert die grausamen Exzesse, die gegen die Arkadier verübt wurden, als sie aus ihrer Heimat vertrieben wurden, aber nie hat sich eine Tragik von so riesigem Umfang ereignet, wie in diesen Zwangsausweisungen.

4. Die Presseberichterstattung in den USA

Wir verurteilen ebenso eine Verschwörung des Stillschweigens seitens eines großen, einflußreichen Teiles unserer Presse, daß sie dem amerikanischen Volke die wirkliche Not der Menschen in Europa nicht bekanntmacht. Unser Volk ist großherzig; es würde mit vollen Händen antworten, sogar von demjenigen abzugeben, das es selbst benötigt, um den notleidenden Menschen zu helfen. Ganz bestimmt würde unser Volk nicht weniger tun, als das Volk Großbritanniens, das sogar auf Kosten der eigenen mageren Rationen Hilfe für seine ehemaligen Feinde organisiert hat. Würde dem amerikanischen Volk ein genaues Bild von dem Leid und Elend dieser Menschen gegeben, es würde seine Regierung zwingen, zu tun, was die Regierung von Dänemark trotz der Erinnerung an die Härten unter der Nazi-Besetzung getan hat, indem sie Lebensmittel und Kleidung für mehr als 200 000 Zivilpersonen schickte, die aus dem östlichen Deutschland geflohen waren, um dem Ansturm der roten Armee am Ende des Krieges zu entgehen. – Wir beloben den christlichen Mut des American Friends Service Commitee: Es sagt: „In großer Bescheidenheit unternehmen wir Quäker es, für die unterdrückten und stummen Massen in Deutschland zu sprechen. Wir glauben, daß Millionen Amerikaner mit uns der Überzeugung sind, daß sie ernährt werden müssen, soviel dies in unserer Macht liegt. Dies ist nicht nur eine menschenfreundliche Regung. Wir sprechen unter der zwingenden Wucht der Macht der Liebe, unsere verwundete Erde zu heilen. Denn in unserer Welt gibt es gewisse Sittengesetze, die unwiderstehlich wirksam sind, ob wir sie anerkennen oder nicht. Wenn wir Amerikaner eine wirklich geordnete Welt wollen, dann müssen wir die Methoden anwenden, die sie gebaut haben. Die Ernährung hungernder Kinder ist ein sicherer Schritt zum Frieden."

5. Die Kollektivschuldthese vergißt den deutschen Widerstand

Der Abschluß eines Hitler-Friedens würde den Glauben der Völker an die Demokratie zerstören. Eine ganze Nation unter Anklage zu stellen, kann im Lichte demokratischer Prinzipien nicht gerechtfertigt werden. Wir entsetzten uns, als die Nazis die Lehre von der Rassenschuld gegen alle Juden erhoben. Mit Recht haben wir eine solche Lehre verurteilt. Sollen wir nun jetzt in der Art des Friedens, den wir machen, uns zu ihr bekennen? „Was für ein Beweggrund existiert für Deutschland noch unter diesem Plane, sich den demokratischen Methoden zuzuwenden?" fragt das Colmersche Komitee für die Nachkriegswirtschaftspolitik. Richter Robert H. Jackson, Ankläger der Nazis in Nürnberg, hat die Idee von der kollektiven Verantwortlichkeit abgelehnt. In seiner Ansprache zu Beginn des Prozesses sagte er: „Wir wissen, daß die Nazi-Partei nicht von der Mehrheit der deutschen Stimmgeber in ihre Machtstellung eingesetzt wurde. Wir wissen, daß sie durch eine böse Allianz zwischen den extremsten Nazi-Revolutionären, den zügellosesten deutschen Reaktionären und den aggressivsten deutschen Militaristen an die Macht gelangten." (Zitiert im Congressional Record vom 5. Dezember 1944, S. A 5668) – Es würde in der Tat ungerecht sein, alle Deutschen anzuklagen, die Frauen und Kinder, die in der Innenpolitik keine Stimme hatten, wie auch die zahllosen Anti-Nazis anzuklagen, von denen viele jahrelang in den Konzentrationslagern schmachteten. Der Widerstand gegen die Hitler-Bewegung war stärker, als das amerikanische Volk im allgemeinen weiß.

6. Die Politik der Reparationen schädigt Amerika

Weitblickende Männer erkennen, daß eine Rachepolitik wie ein Bumerang wirkt und letzten Endes unsere eigenen Interessen schädigt. In der Verzweiflung wird ein darbendes Volk zum fruchtbaren Boden für den Faschismus und den Kommunismus, oder es wendet sich in seinem Hunger der Raublust und der Unsittlichkeit zu. Unter ungeordneten Verhältnissen kann der Frieden nicht gedeihen, und wie könnte dann die Weltprosperität aus einer Art entstehen, wie man sie jetzt plant? Es führt zur Verarmung eines Volkes, wenn man es nicht nur seiner Haushaltsgeräte, sondern auch seiner Werkzeuge und seiner der Produktion dienenden Maschinerie beraubt. „Wenn die gesamte zukünftige Gesundung Europas an die Furcht vor dem Schreckgespenst Deutschland geknüpft wird, das in seinem Gebiet verkleinert und seiner Kriegsführungskapazität beraubt wurde, dann wird die Wiedergesundung Europas zu einem hoffnungslosen Problem." (Kongreßkomitee Colmer) – Ein verarmtes Volk ist ein schlechter Markt für die von uns in Feld und Fabrik produzierten Güter. Es wird unsere eigenen Farmer und Fabrikarbeiter schädigen, wenn wir durch eine stupide, in der Tat wahnsinnige Politik eines harten Friedens einen unserer größten Märkte zerstören. Die Vollbeschäftigung wird zu einem Phantom werden, dem die Menschen wohl nachjagen, das sie aber nicht einholen können; es dient als ein Wahlschlagwort, um den Arbeiter zu täuschen, aber es wird sein Lohnkuvert nicht fett machen. – Im Lichte kalter Tatsachen kann jeder die gesunde Vernunft in dem Kommentar des „London Economist" zu dem Plane des Herrn Baruch erkennen, aus Deutschland ein Volk von Schafhirten und Waldbewohnern zu machen: „Leider haben sich sehr wenige Stimmen erhoben, die einfache Tatsache zu konstatieren, daß der Plan des Herrn Baruch unmoralisch, unwirtschaftlich und undurchführbar ist."

7. An die Amerikaner: Werft Euer Brot übers Wasser

Eine Politik der Barmherzigkeit, die das Brot aufs Wasser wirft, wird sich letzten Endes als die beste Politik erweisen. „Wirf dein Brot übers vorbeifließende Wasser, so wirst du es nach langer Zeit wiederfinden", sagt der Heilige Schreiber (Ecclesiastes 11,1). Wie ein Schiff, das mit kostbaren Gütern beladen ist, so geben die Werke der Barmherzigkeit dem Ausübenden die Sicherung eines großen Gewinns. Eine solche Politik, die eine Welt in der Liebe zu schaffen, muß die Hauptaufgabe der Staatsmänner sein. Enttäuschen sie hierin, dann enttäuschen sie die Menschheit.

Fastenhirtenbrief 1947: Die Gegenwart fordert uns

1. Das Schicksal der Displaced Persons

Hunderttausende von verschleppten Personen fristen fern ihrer bisherigen Heimat in elenden Lagern ein menschenunwürdiges Dasein. „Es ist länger als ein Jahr jetzt nach der zerschmetternden Niederlage des Nazismus, und noch sind in Deutschland, Oesterreich, Italien 850 000 Menschen in Konzentrationslagern, jene in der russischen Zone gar nicht mit einbezogen. Über diesen Lagern wehen keine Hakenkreuzfahnen, und es wird niemand darin gemartert und getötet, aber trotzdem sind es Konzentrationslager, und das einzige Verbrechen der Insassen besteht darin, daß sie keinen Paß haben oder keinen Ort wissen, wo sie hingehen können." Es sind Menschen, in der Welt unerwünscht, obwohl sie ehrlich sind und obwohl viele von ihnen sogar höhere Bildung besitzen und Kultur. Warum gehen sie nicht wieder heim, könnte man fragen. Sie können nicht, sie fürchten das Schicksal, das sie dort erwarten könnte. Würde man sie liquidieren? Würde man sie von Frau und Kindern trennen und in die Verbannung treiben? Würde man sie in Arbeitslager zwingen, damit sie dort bei schlechter Ernährung, ungenügender Bekleidung und unwürdiger Wohnung Sklavendienste verrichten, bis sie, zu schwach geworden für die Arbeit, ausgemerzt werden wie abgearbeitete, ausgenutzte Tiere?

Es wird immer zur besonderen Ehre unseres Landes gereichen, daß es an der Austreibung dieser armen Menschen nicht beteiligt war. Aber das allein löst das Problem nicht. Diese armen Menschen sind nun in Deutschland unerwünscht, weil Deutschland zerstört ist, verarmt, in Zonen aufgeteilt und diese zusätzliche Bürde wirtschaftlich nicht verkraften kann. Sie sind aber auch in den anderen Nationen nicht erwünscht; durch Einwanderersperren riegeln sich diese gegen die Flüchtlinge ab. Wenn jedes Land der Vereinten Nationen seinen verhältnismäßigen Anteil an diesen armen Menschen aufnehmen würde, etwa von 5000 bis 50000 Personen, wäre das Problem schnell gelöst. Dabei würden diese Ausgetriebenen zum größten Teil ein wirtschaftlicher Vorteil sein für jedes Volk, gar nicht zu sprechen von der moralischen Verpflichtung, die die wohlhabenden Nationen und die Länder, die über reiche Hilfsquellen verfügen, jenen gegenüber haben, die in Not sind und die auch berechtigt sind, teilzunehmen an dem natürlichen Lebensraum und an den natürlichen Hilfsquellen, welche Gott für alle Menschen geschaffen hat und nicht nur für ein paar wenige vom Glück begünstigte Nationen.

Feierliche Erklärungen zugunsten der Menschenrechte klingen hohl und heuchlerisch angesichts der schändlichen Politik der Einwanderungsbeschränkungen.

2. Die Not der deutschen Heimatvertriebenen

Was man von ihrer Landesverweisung hört, ist herzzerreißend: Die Polizei erscheint mit kurzem Befehl, sie hätten in vierundzwanzig Stunden, manchmal sogar in einem noch kürzeren Zeitraum, ihre Habe zu packen und bereit zu sein. Nur so viel dürfen sie mitnehmen, wie sie tragen können. Wertsachen müssen sie zurücklassen; als „Reparationen" sagt man! Nur wenig Geld ist ihnen gestattet. Bitter weinend verlassen sie ihre Höfe und Häuser, in denen vielfach ihre Vorfahren hunderte von Jahren gewohnt haben. In zahllosen Fällen werden die jungen Männer und jene, die kräftig sind, gewaltsam zurückgehalten. Die Alten, und Kranken, die Frauen und Kinder werden im Güterwagen oder in Viehwagen oder in anderen unsauberen und ungenügend sicheren Wagen verladen. So verläßt dieser Elendszug das Land, das ihnen bisher Heimat war, und fährt der deutschen Grenze entgegen. Familien sind auseinandergerissen, deren Glieder sich wahrscheinlich nie wiedersehen. Wieviel Weh erleiden dadurch Tausende und Abertausende von deutschen Flüchtlingen!

Nicht genug damit! Nicht selten sind die Wächter, die den Zug begleiten, herzlos und grausam. Sie rauben den Vertriebenen ihre bessere Kleidung, sie ziehen ihnen die Schuhe aus. Die Kranken erhalten so gut wie keine ärztliche Hilfe, weil nur wenig Ärzte und Pflegepersonal den Elendszug begleiten, und die Ärzte und Krankenpflegerinnen, die selber ausgewiesen werden, haben keine Medikamente. Das Essen ist schlecht und unzureichend, vielleicht ein bißchen dünne Suppe und ein Stück Brot. Dagegen gibt es Läuse, Flöhe und Wanzen in Mengen. Solche, die auf dem Weg sterben, werden irgendwo an der Bahnlinie begraben, wo der Zug gerade hält. Tausende sind gestorben ohne Priester, ohne Sterbesakramente. Die teuflischen Wachtposten haben ihnen sogar in ihrer Grausamkeit die Rosenkränze und die Gebetbücher und Heiligenbildchen entrissen. Die Priester, die das Los der Ausgewiesenen teilen, besitzen keine Soutane mehr, kein Meßgewand, keinen Kelch, kurz, kein einziges der Geräte, die für die Feier der heiligen Messe nötig sind.

Wenn dann diese armen Menschen in den Auffanglagern in Deutschland ankommen, sehen Sie aus wie wandelnde Leichen, zerlumpt, mit Geschwüren bedeckt. Sie erhalten ärztliche Hilfe. Man verbringt sie, wenn nötig in ein Krankenhaus, aber sobald es geht, werden sie weitertransportiert in die verschiedenen Gegenden Deutschlands.

In den zugewiesenen Quartieren müssen sie dann die Räume mit den Alteingesessenen teilen. Dabei sind sie meist gezwungen, auf dem Lande zu bleiben, denn die Häuser der großen Städte liegen in Trümmern. Darum ist neben der Kleidungs- und Nahrungsnot das Wohnungselend unbeschreiblich. Man soll sich einmal vorstellen: einunddreißig Millionen Leute strömten aus den angrenzenden Ländern in die Vereinigten Staaten! Diese Summe würde ungefähr den zwölf Millionen deutschen Flüchtlingen entsprechen, nach den

Verhältnissen in Deutschland umgerechnet. So betrachtet, sieht man, wie ungeheuer das Problem ist, aber auch, wie grausam die Austreibung dieser Leute ist.

In der ganzen Geschichte gibt es nichts, was sich mit diesen grausamen Menschenverschiebungen vergleichen ließe. Mit Recht erklärte ein amerikanischer Korrespondent, der selbst Augenzeuge dieser Menschheitstragödie war, es sei dies die „unmenschlichste Entscheidung", die je von Staatsmännern getroffen worden sei.

3. Luftkrieg und Wohnungsnot

Köln, Würzburg und Dresden sind dem Erdboden gleich gemacht. Nichts wurde verschont. Luftminen und Brandbomben wurden auf die Fabriken und Bahnhöfe, auf die Wohnviertel der Arbeiter, auf die Schulen und Kirchen, auf die Krankenhäuser und Altersheime und auf die Kulturdenkmäler aus alter oder neuer Zeit geworfen. Gespensterhafte Ruinen starren uns in den Städten und Dörfern an. Ziegelsteine und Steinklötze, Zementbrocken, Wasserröhren und Heizkörper liegen in einer verworrenen Masse untereinander. Wie Menschen noch in diesen Ruinen leben können, ist uns unerklärlich. Und doch ist es so! Aber es ist kein menschliches Leben mehr, eher das Leben einer Ratte, die in ihren Löchern haust. Aber ein anderer Platz ist für sie nicht zu finden. Die Wohnungen auf dem Lande aber sind mit zwölf Millionen Flüchtlingen und Ausgewiesenen aus dem früheren deutschen Osten belegt.

4. Die Mission der Nächstenliebe: Dank an die Helfer

Unvergleichlich sind die Taten der Liebe, die aus den Händen der Katholiken Amerikas in die Hände der Hungernden und Kranken Europas und Asiens fließen. Die Katholiken Amerikas schreiben damit wirklich ein Kapitel in der Geschichte der christlichen Liebestätigkeit. Sie bauen mit ihren Taten eine Brücke guten Willens über den Ozean. Obgleich sie viele eigene Schwierigkeiten haben, obgleich sie eigene Schulen und Kirchen und andere Anstalten kirchlichen Charakters bauen müssen, schenken Sie doch großmütig und in reichlichem Maß den Notleidenden anderer Länder in deren großen Not. Was sie im Geiste dieser selbstlosen Liebe tun, wird in Deutschland überall zutiefst empfunden. Wo immer man geht, hört man Worte wärmster Dankbarkeit für alles das, was die katholischen Brüder und Schwestern jenseits des Ozeans tun, um die deutsche Not zu lindern.

Aber die Katholiken Amerikas sind nicht die einzigen, die helfen. Auch von anderen Ländern kommen in immer größerer Zahl Sendungen mit wertvollen Gaben für die Notleidenden. Später erst einmal wird man die volle Geschichte dessen hören, wie die Liebe auf die Herausforderungen des Hasses geantwortet hat, und wie sie sich mit unvergleichlicher Stärke gewachsen zeigte den Mächten des Hasses und des bösen Willens.

5. Zeichen der Hoffnung: Amerikanische Soldaten mißachten das Fraternisierungsverbot

Trotz der hemmenden Taktik jener, die hassen, brennen die Feuer der Liebe in Deutschland von neuem wieder auf. Als unsre Armeen siegreich in Deutschland einzogen, war es keinem einzigen Soldaten erlaubt, einem Deutschen die Hand zu geben. Es war ihm nicht erlaubt, einen Deutschen im Quartier zu haben. Es war ihm nicht erlaubt, sich irgendwo mit einem deutschen Mädchen zu zeigen. Es war ihm nicht erlaubt, Nahrungsmittel, die er nicht braucht, den Deutschen zu geben, nicht einmal den Kindern, obwohl die oft zusehen mußten, wie die Überreste der Mahlzeiten in die Spülschüssel geschüttet oder mit Gasolin übersprengt wurden, um nachher verbrannt zu werden. Keine Gum Drops und kein Stückchen Kaugummi durften den hungernden Kindern gegeben werden. Aber das Gefühl der Menschlichkeit rebellierte im amerikanischen Soldaten gegen diese unmenschliche Politik. Die Verordnungen gegen die Fraternisierung wurden so allgemein mißachtet, daß man sie schließlich fallen lassen mußte. Der Haß gegen alles Deutsche, den sie symbolisieren sollten, hatte ein ganz entgegengesetztes Resultat. Die Härte zeitigte eine Gegenwirkung zugunsten des Mitleids und der Erbarmung.

So wurde gegen Ende des Sommers offiziell erklärt, daß der Haß nicht länger von den amerikanischen Behörden gutgeheißen werde. Die Deutschen sollten behandelt werden wie andere Menschen. An Weihnachten wurden im Gegensatz zum Vorjahr überall in der amerikanischen Zone Vorbereitungen getroffen zur Weihnachtsfeier für deutsche Kinder. Die Eltern wurden mit eingeladen. Die Kinder erhielten Zuckerwerk, Schokolade, Gebäck, Spielsachen,

Kleider, Schuhe, Strümpfe und andere Stricksachen. Kinder von amerikanischen Offizieren waren auch da und spielten mit den deutschen Knaben und Mädchen. Dabei sprachen die Amerikaner von diesen Feierlichkeiten nicht als von einer Geste guten Willens, sondern als von einer Art Wiedergutmachung für die frühere törichte Politik der Lieblosigkeit.

Zeittafel

8. Februar 1945
Der Apostolische Nuntius Erzbischof Cesare Orsenigo flieht mit seinen Mitarbeitern aus dem von sowjetischer Einkreisung bedrohten Berlin nach Eichstätt. Dort befindet sich nunmehr der Sitz der Apostolischen Nuntiatur beim Deutschen Reich.

7. und 8. Mai 1945
Die Urkunden über die bedingungslose Gesamtkapitulation der Deutschen Wehrmacht werden in Reims und in Berlin-Karlshorst unterzeichnet.

Mai 1945
Papst Pius XII. entsendet mit Genehmigung der US-Armee eine erste apostolische Expedition zu einer Erkundungsreise nach Deutschland. Die Expedition steht unter der Leitung von Monsignore Walter Caroll, Priester der Diözese Pittsburgh und Chef des Büros für die Nationen englischer Sprache im vatikanischen Staatssekretariat.

5. Juni 1945
Berliner Erklärung der vier Siegermächte (USA, Großbritannien, Sowjetunion, Frankreich) betreffend die Übernahme der obersten Regierungsgewalt in Deutschland.

2. August 1945
Unterzeichnung des Potsdamer Abkommens. Die höchste Regierungsgewalt in Deutschland wird jeweils von den Oberkommandierenden der vier Siegermächte (= Besatzungsmächte) in ihren Besatzungszonen, für die Deutschland als Ganzes betreffenden Fragen vom Alliierten Kontrollrat ausgeübt.

Pius XII. beläßt seine Apostolische Nuntiatur im Deutschen Reich ohne Akkreditierung beim Alliierten Kontrollrat in Eichstätt. Bis auf weiteres wird keine zentrale deutsche Regierung gebildet.

1. bis 5. September 1945
Pius XII. schickt eine zweite apostolische Expedition auf Erkundungsfahrt nach Deutschland. Sie steht unter der Leitung von Monsignore

Mario Brini. Mitglied dieser Expedition ist – mit amerikanischer Sondergenehmigung – ein Deutscher, P. Ivo Zeiger SJ. Er soll die deutschen Bischöfe besuchen. Nach Rom zurückgekehrt unterbreitet Zeiger dem Papst die Anregung des Münchener Erzbischofs, einen „Delegato Apostolico di Assistenza Pontificia" nach Deutschland zu entsenden, um die Gegenwart des Papstes zu dokumentieren etwa mit Sitz „in Frankfurt bei der Interalliierten Kommission, im Zentrum des Reiches."

10. November 1945

Die dritte apostolische Expedition unter der Leitung von Erzbischof Carlo Chiarlo verhandelt im amerikanischen Hauptquartier zu Frankfurt a. M. mit dem Oberbefehlshaber der amerikanischen Streitkräfte in Europa, General Dwight D. Eisenhower. Ivo Zeiger gehört der Delegation an, darf aber nicht mitverhandeln.

Eisenhower genehmigt die Errichtung einer ständigen Apostolischen Mission zum Zweck der Seelsorge an den Displaced Persons. Als Sitz weist er der Mission die Villa Grosch in Kronberg, Gartenstraße 1, zu. Die Mitglieder der vatikanischen Delegation beziehen das Haus.

23. Dezember 1945

Pius XII. gibt seine Absicht bekannt, 32 Prälaten aus 18 Ländern zu Kardinälen zu ernennen. Unter den vier neuen nordamerikanischen Kardinälen befindet sich der Erzbischof von Chicago, Samuel A. Stritch.

Aus Deutschland stehen der Erzbischof von Köln Josef Frings sowie die Bischöfe von Berlin und Münster Konrad Graf von Preysing sowie Clemens August Graf von Galen auf der Ernennungsliste.

18. Januar 1946

Erzbischof Chiarlo reist von Kronberg ab. Monsignore Alberto Giovannetti wird zum Geschäftsträger ernannt. Tatsächlich wird die Leitungsfunktion durch P. Ivo Zeiger wahrgenommen.

18. Februar 1946

Konsistorium zur Ernennung der neuen Kardinäle in Rom. Pius XII. unterrichtet Kardinal Stritch von seiner Absicht, einen amerikanischen Geistlichen an die Spitze der vatikanischen Mission in Kronberg zu berufen. Stritch schlägt den Bischof von Fargo, North Dakota, Aloisius Josef Muench, vor, der in seiner Begleitung nach Rom gereist war. Muench wird vom Wunsch des Papstes unterrichtet.

1. April 1946
Erzbischof Cesare Orsenigo, der letzte päpstliche Nuntius beim Deutschen Reich, stirbt in Eichstätt. Nuntiaturrat Monsignore Carlo Colli wird zum Geschäftsträger der Nuntiatur ernannt.

16. Mai 1946
Pius XII. ernennt Bischof Muench zum Apostolischen Visitator für Deutschland „ad interim".

7. Juni 1946
US-Kriegsminister Robert P. Patterson übergibt Muench in Washington D. C. die Ernennungsurkunde als Verbindungsbeauftragter (liaison consultant) für religiöse Angelegenheiten bei der US- Militärregierung in Deutschland.

28. Juli 1946
Bischof Muench kommt nach Kronberg und wohnt fortan in der Villa Grosch. Ivo Zeiger wird Kanzler der vatikanischen Kommission.

20. August 1946
Muench nimmt erstmals an der Vollversammlung der deutschen Bischöfe in Fulda teil.

1. Februar 1947
Der Geschäftsträger der Apostolischen Nuntiatur in Eichstätt, Monsignore Carlo Colli, stirbt.

18. Februar 1947
Bischof Muench wird von Pius XII. zu einer längeren Unterredung empfangen. Diese Audienz bildet den Abschluß einer Serie von Gesprächen, die er sowie P. Ivo Zeiger SJ im Vatikan geführt haben und in deren Verlauf Zeiger dem Papst auch persönlich berichtete. Hinsichtlich der Nuntiatur in Eichstätt wird festgelegt, daß sie beibehalten wird und Monsignore Bernhard Hack, Assistent der Nuntiatur, die Geschäfte weiterführt. Hack soll über Kronberg nach Rom berichten.

2. September 1948
Ivo Zeiger SJ spricht im Dom zu Mainz vor der Vertreterversammlung des 72. Deutschen Katholikentages zum Thema: „Die religiös-sittliche

Lage und die Aufgabe der deutschen Katholiken." Er stellt fest, daß Deutschland zum Missionsland geworden ist.

1. Januar 1949
Die Seelsorge für die noch in Deutschland befindlichen Displaced Persons wird durch Verfügung Pius XII. an die jeweils örtlich zuständigen deutschen Bischöfe zurückübertragen.

Die dem Apostolischen Administrator Muench und seinen Mitarbeitern in Bezug auf diese Personengruppe erteilten seelsorglichen Sondervollmachten erlöschen.

8. Februar 1949
US-Präsident Harry S. Truman empfängt Bischof Muench im Weißen Haus. Gesprächsthemen: Einwanderung von Displaced Persons in die USA, das Schicksal der Rußlanddeutschen, die Diskussionen um das Grundgesetz in den westlichen Besatzungszonen (Elternrecht und Reichskonkordat), die Zusammenarbeit Muenchs mit der US-Militärregierung, internationale Fragen.

23. Mai 1949
Das Grundgesetz für die Bundesrepublik Deutschland wird verkündet.

30. Mai 1949
Die Verfassung der Deutschen Demokratischen Republik wird vom Volkskongreß beschlossen.

21. September 1949
Das (westdeutsche) Besatzungsstatut tritt nach Errichtung aller Verfassungsorgane der Bundesrepublik Deutschland in Kraft. Auswärtige Angelegenheiten der Bundesrepublik Deutschland verbleiben in der Kompetenz der westalliierten Hohen Kommission.

7. Oktober 1949
Die Verfassung der Deutschen Demokratischen Republik wird nach Genehmigung durch die sowjetische Militäradministration in Kraft gesetzt.

21. Oktober 1949
Papst Pius XII ernennt Bischof Muench zum Regenten der Apostolischen Nuntiatur in Deutschland. Der juristische Sitz der Nuntiatur in

Eichstätt, die weiterhin der diplomatischen Anerkennung entbehrt, bleibt unangetastet. Die Apostolische Mission in Kronberg wird kirchenrechtlich aufgelöst. Sie arbeitet weiter als Geschäftsstelle – praktisch als Aktionszentrum – der Eichstätter Nuntiatur. Bischof Muench und P. Zeiger arbeiten und wohnen weiterhin in Kronberg.

28. Oktober 1950
Der Papst verleiht Muench den persönlichen Titel Erzbischof.

7. März 1951
Die Erste Urkunde zur Revision des Besatzungsstatuts tritt in Kraft. Danach wird der Bundesrepublik Deutschland nunmehr die Pflege der auswärtigen Beziehungen in vollem Umfang insoweit gestattet, als dies mit der Sicherheit und den Verpflichtungen der Besatzungsmächte in Bezug auf Deutschland vereinbar ist. Die Bundesregierung errichtet ein Bundesministerium des Auswärtigen (Auswärtiges Amt).

12. März 1951
Der Papst verlegt den Sitz seiner Nuntiatur in Deutschland von Eichstätt nach (Bonn-)Bad Godesberg.

4. April 1951
Bundespräsident Prof. Dr. Theodor Heuss nimmt das Beglaubigungsschreiben Erzbischof Muenchs als Nuntius Apostolicus in Germania, also als Nuntius mit gesamtdeutschem Anspruch, entgegen.

Der päpstliche Nuntius ist der erste der bei der Bundesregierung akkreditierten diplomatischen Vertreter. Traditionsgemäß wird Muench Doyen des Bonner diplomatischen Korps.

Mai 1951
Pater Ivo Zeiger SJ scheidet wegen seiner angegriffenen Gesundheit aus den Diensten der Nuntiatur aus.

9. Juni 1951
Erzbischof Muench zieht mit vielen seiner Mitarbeiterinnen und Mitarbeitern von Kronberg nach Bad Godesberg um.

Glossar

Alliierter Kontrollrat

Der Alliierte Kontrollrat war das am 30. August 1945 gegründete besatzungsrechtliche Entscheidungsgremium zur Ausübung der obersten Regierungsgewalt in Deutschland in allen Fragen, die Deutschland als Ganzes betrafen. Sein Sitz war das in vier Besatzungssektoren geteilte Berlin. Mitglieder waren die Oberkommandierenden der vier Besatzungsmächte. Infolge zunehmender Ost-West-Spannungen verließ der sowjetische Oberbefehlshaber am 20. März 1948 protestierend den Konferenzsaal. Damit erledigte sich die Funktion des Alliierten Kontrollrats – ohne formale Auflösung.

Besatzungsstatut

Das Besatzungsstatut ist ein Dekret der westlichen Siegermächte, welches das Verhältnis zwischen diesen ehemaligen Besatzungsmächten und der jungen Bundesrepublik Deutschland regelte. Es trat am 21. 9. 1949 – nach Errichtung der Staatsorgane der Bundesrepublik – in Kraft.

Mittels dieses Statuts behielten die USA, Großbritannien und Frankreich Teilbereiche deutscher Souveränität (z. B. Außenpolitik, Displaced Persons, Überwachung des Außenhandels und der Devisenwirtschaft) unter ihrer Kontrolle. Die derart verfügten Beschränkungen wurden schrittweise gelockert. Durch die Erste Urkunde zur Revision des Besatzungsstatuts wurde der Bundesrepublik die Aufnahme diplomatischer Beziehungen mit anderen Staaten erlaubt, soweit dies mit der Sicherheit der Besatzungsmächte vereinbar war. Am 5. Mai 1955 wurde das Besatzungsstatut aufgehoben.

Doyen

Doyen (frz., von lat. decanus = der Vorsteher von Zehn) ist die Bezeichnung für den Sprecher der bei einem Staat akkreditierten Diplomaten.

Das Règlement des Wiener Kongresses von 1815 über den Rang der diplomatischen Vertreter bestätigte das ständige Doyenat der Apostolischen → Nuntien hinsichtlich der Staaten, bei denen es bis dato bestand. Nach dem Schlußprotokoll des Reichskonkordats (→ Konkordat) vom 12. 9. 1933 ist der Apostolische Nuntius Doyen des bei der deutschen Regierung akkreditierten diplomatischen Korps. Für die Bundesrepublik Deutschland gilt diese Regelung weiter.

Germanicum

Das Collegium Germanicum et Hungaricum ist ein römisches Wohnstift für Priesteramtsstudenten aus den Ländern des ehemaligen Heiligen Römischen Reiches Deutscher Nation und aus Ungarn. Die in der Regel von ihren Bischöfen ausgewählten und entsandten Studenten sind für Führungsaufgaben der Kirche vorgesehen und studieren an päpstlichen Universitäten, in der Mehrzahl der Fälle an der → Gregoriana. Das Germanicum wurde 1552 von Ignatius von Loyola gegründet. Seine Leitung ist dem Jesuitenorden anvertraut.

Gregoriana

Die Gregoriana ist eine päpstliche Universität, die von Jesuiten geleitet wird. Sie wurde 1551 durch Ignatius von Loyola als Collegium Romanum SJ gegründet und alsbald vom Papst als Hochschule anerkannt. Unter Papst Gregor XIII. erhielt die Hochschule ein repräsentatives neues Gebäude und ihren Namen. Die Pflege von Lehre und Forschung vollzieht sich in sechs Fakultäten: Theologie, Kirchenrecht (Kanonistik), Philosophie, Kirchengeschichte, Missionswissenschaften, Sozialwissenschaften. Bis zum Jahre 1967 war Latein die einzige Unterrichtssprache. Papst Pius XII. wählte seine Berater vornehmlich aus dem Lehrkörper der Gregoriana (z. B. P. Robert Leiber SJ, P. Ivo Zeiger SJ).

Hirtenbrief

Hirtenbriefe sind Mittel der Lehrverkündigung durch Diözesanbischöfe. Sie werden als Pastorale bezeichnet. Sie befassen sich mit theologischen, gelegentlich auch mit gesellschaftlichen Fragen aus der Sicht christlichen Glaubens. Sie stehen in der Tradition der Apostelbriefe und der Gemeindeschreiben der nachapostolischen Zeit.

Als Rundschreiben, die in der Fastenzeit während der Gottesdienste verlesen und / oder auf andere Weise verbreitet werden (Fastenhirtenbriefe), haben sie in Deutschland und andernorts erhebliche Bedeutung erlangt.

Kardinäle

Kardinäle (lat. cardo = Türangel, Dreh- und Angelpunkt) sind Priester, in der Regel Bischöfe, die vom Papst berufen werden, um ihn in der Leitung der Kirche zu unterstützen. Sie besitzen, soweit sie das 80. Lebensjahr noch nicht vollendet haben, ihrerseits das Recht der Papstwahl. Kardinäle, die hauptamtlich Aufgaben in der römischen gesamtkirchlichen Verwaltung erfüllen, heißen Kurienkardinäle.

Etwa um 500 n. Chr. begann die Entwicklung des Standes der Kardinäle in Rom aus der Gruppe derjenigen Priester, die unmittelbar der als Angelpunkt der Diözese (Cardo) betrachteten Bischofskirche zugeordnet wurden (presbyteri cardinales). Später wurde die Bezeichnung auf die Bischöfe der sieben römischen Nachbardiözesen übertragen (episcopi cardinales). Im 11. Jahrhundert begann dann die Entwicklung der Kardinäle zu Senatoren des Papstes.

Konkordate

Konkordate (lat. concordare = einig sein, übereinstimmen) sind völkerrechtliche Verträge zwischen dem Heiligen Stuhl und anderen Staaten, gegebenenfalls auch den Gliedstaaten eines Bundesstaates. Gegenstand eines Konkordats sind Rechtsmaterien, die den jeweiligen Staat und die katholische Kirche gemeinsam betreffen (sog. gemischte Materien, wie z. B. Militärseelsorge, Religionsunterricht an öffentlichen Schulen, Rechtsstellung der Kirchengemeinden und Diözesen). Ziel der Konkordate ist es, durch rechtliche Klarstellungen ein langfristig geordnetes Zusammenleben zwischen Staat und katholischer Kirche zu fördern.

Legaten

Unter Legaten (lat. legare = beauftragen, zum Unterfeldherrn bestellen) versteht das Kirchenrecht Gesandte, die vom Papst in verschiedene Regionen der Welt entsandt werden. Ihr Vertretungsauftrag erstreckt sich entweder nur auf die Ortskirchen oder auf die Ortskirchen und die jeweiligen Staatsregierungen gleichzeitig. Legaten, deren Funktion sich auf kirchliche Aufgaben beschränkt, heißen Delegaten.

Bis auf die beiden letzten Monate seiner Kronberger Zeit war Bischof Muench Delegat in diesem kirchenrechtlichen Sinne mit der Funktionsbeschreibung „Visitator Apostolicus in Germania".

Morgenthau-Plan

In einer Denkschrift niedergelegter Plan des amerikanischen Finanzministers Henry Morgenthau jr. vom September 1944 über die Schwächung Deutschlands dergestalt, daß es dauerhaft gehindert werde, einen dritten Weltkrieg zu entfesseln. Der Plan des Finanzministers sah – nach Gebietsabtretungen – eine Aufteilung Deutschlands in drei Staaten vor. Er verlangte u. a. deutsche Zwangsarbeit in den ehemaligen Feindstaaten zu Reparationszwecken, die vollständige Deindustrialisierung des Ruhrgebiets und grundsätzlich die Umwandlung Deutschlands in ein agrarisch strukturiertes Land. In abgemilderter Form wurde der Morgenthau-Plan am 15. 9. 1944 in Quebec durch den amerikanischen Präsidenten Roosevelt und den britischen Premierminister Winston Churchill paraphiert.

Churchill distanzierte sich alsbald von seiner Zustimmung. Auch der Widerstand in amerikanischen Regierungskreisen gegen Morgenthaus Absichten war stark. Gleichwohl konnte der Finanzminister auf die Formulierung der Directive JCS 1067 Einfluß nehmen, die der US-Militärregierung in Deutschland für die Besatzungspolitik vorgegeben wurde und Strafcharakter trug.

Nuntius

Nuntius (lat. nuntiare = melden, verkünden) ist der Titel eines ständigen päpstlichen → Legaten, der neben den politisch-diplomatischen auch innerkirchliche Aufgaben erfüllt und der im Land seiner Stationierung auch die Funktion des → Doyens des diplomatischen Korps ausübt. Päpstliche Vertreter, denen dieses Doyenat nicht zusteht, heißen Pronuntien.

Zunächst widmeten sich die ständigen Vertreter des Papstes, die seit der Wende vom 15./16. Jahrhundert bekannt sind, nur politisch-diplomatischen Aufgaben. Die abendländische Glaubensspaltung und die von ihr ausgelöste Vermehrung der theologischen Diskussionen, führte zur zusätzlichen Zuweisung innerkirchlicher Aufträge. Die damit verbundene Überschneidung mit den Kompetenzen der Diözesanbischöfe war und ist die Ursache gelegentlicher Auseinandersetzungen.

Parlamentarischer Rat

Unter dem Parlamentarischen Rat ist ein Gremium von Politikern zu verstehen, das 1948 von den Bürgerschaften und Landtagen der westdeutschen Länder und West-Berlins zur Beratung einer westdeutschen

Verfassung (Grundgesetz) gewählt wurde. Die Versammlung trat am 1. 9. 1948 im Bonner „Museum König" zusammen. Danach tagte sie in der Pädagogischen Akademie, dem späteren Bundeshaus. Zum Vorsitzenden wurde Konrad Adenauer (CDU), zum Vorsitzenden des Haupt- und Redaktionsausschusses Prof. Carlo Schmid (SPD) gewählt. Auf den Tag genau 4 Jahre nach der bedingungslosen Kapitulation der Deutschen Wehrmacht, am 8. Mai 1949, verabschiedete der Parlamentarische Rat den Entwurf eines Grundgesetzes der Bundesrepublik Deutschlands mit 53 gegen 12 Stimmen.

Potsdamer Abkommen

Unter Potsdamer Abkommen verstehen wir das Protokoll der Vereinbarungen, die zwischen den Regierungschefs der drei Siegermächte des Zweiten Weltkrieges in Potsdam ausgehandelt und am 2. August 1945 unterzeichnet wurden. Die Unterschriften leisteten J. W. Stalin für die Union der Sozialistischen Sowjetrepubliken, Harry S. Truman für die Vereinigten Staaten von Amerika und C. R. Attlee für Großbritannien. Frankreich war bereits während der Konferenz von Jalta am 11. Februar 1945 eingeladen worden, eine Besatzungszone zu übernehmen. Frankreich nahm dieses Angebot an. Das Potsdamer Abkommen sah unter anderem vor, daß „bis auf weiteres keine zentrale deutsche Regierung" gebildet werden sollte. Die höchste Regierungsgewalt sollte von den Oberkommandierenden der (nunmehr) vier Besatzungsmächte nach den Weisungen ihrer jeweiligen Regierungen ausgeübt werden, und zwar „von jedem in seiner Besatzungszone sowie gemeinsam in ihrer Eigenschaft als Mitglieder des Kontrollrats in Fragen, die Deutschland als Ganzes betreffen" (→ Alliierter Kontrollrat).

Staatssekretariat (päpstliches Sekretariat)

Das Staatssekretariat ist eine Zentralbehörde der päpstlichen gesamtkirchlichen Verwaltung. Unter den anderen päpstlichen Zentralbehörden (Kongregationen, Gerichtshöfen usw.) nimmt es insofern eine Sonderstellung ein, als es ihnen gegenüber eine Koordinierungsaufgabe erfüllt. Das Staatssekretariat ist die Staatskanzlei des Papstes. Ihm untersteht auch die Präfektur der Vatikanstadt. Daneben gehört die Pflege der Beziehungen des Heiligen Stuhls zu den Regierungen anderer Staaten und ihrer Gesandten ebenso zu den Aufgaben dieser Behörde wie der Kontakt mit den → Legaten des Papstes in aller Welt. Der Leiter des Sekretariats, der Kardinalstaatssekretär, wird deshalb auch als Außenminister des Papstes bezeichnet.

Ausgewählte Literatur

Ahrens, Hanns D. Demontage – Nachkriegspolitik der Alliierten. München 1982.

Barry, Colman J. OSB. American Nuncio – Cardinal Aloisius Muench. Collegeville, Minnesota 1969.

Bergh, Hendrik van. Botschafter des Papstes – 400 Jahre Nuntius in Deutschland. Berg 1984.

Bleistein, Roman SJ. P. Ivo Zeiger SJ, Mömbris. Professor – Vatikandiplomat, in: Spessart, Monatszeitschrift des Spessartbundes, Oktober 2000, S. 3–8. Aschaffenburg 2000.

Blet, Pierre SJ. Papst Pius XII. und der Zweite Weltkrieg. Paderborn-München-Wien-Zürich 2000.

Blumrich, Josef. Das Königsteiner Schulwesen, in: Königstein in Vergangenheit und Gegenwart, hrsg. von der Stadtverwaltung Königstein, S. 165–192. Königstein i. Ts. 1963.

Bremer Ausschuß für Wirtschaftsforschung. Am Abend der Demontage – Sechs Jahre Reparationspolitik. Bremen 1951.

Burneleit, Heinz. Menschen ohne Menschenrechte. Göppingen 1950.

Clay, Lucius D. Entscheidung in Deutschland. Frankfurt a. M. 1951.

Cornides, Wilhelm. Die Anfänge der amerikanischen Ruhrpolitik – von der Direktive JCS 1067 zur Acheson-Rede vom 29. April 1949, in: Europa-Archiv, Politisches Archiv Folge 11, S. 2177–2184. Oberursel 1949.

Delp, Alfred SJ. Gesammelte Schriften, Bd. I. Frankfurt a. M. 1982.

Department of State. Germany 1947–1949. The Story in Documents. Washington D.C. 1950.

Deutscher Bundestag und Bundesarchiv. Der Parlamentarische Rat 1948–1949 – Akten und Protokolle. Bd. 9: Plenum, bearbeitet von Wolfram Werner, München 1996. Bd. 11: Interfraktionelle Besprechungen, bearbeitet von Michael Feldkamp, München 1997.

Dorn, Walter L. Die Debatte über die amerikanische Besatzungspolitik für Deutschland (1944 bis 1945), in: Vierteljahreshefte für Zeitgeschichte, 6. Jhg., S. 60–77. Stuttgart 1958.

Ellis, John Tracy. Die Kirche in den Vereinigten Staaten seit 1850, in: Geschichte der Kirche, hrsg. von Aubert, R., Bruls J. u. a., Bd. V/2 S. 53–107. Zürich-Einsiedeln-Köln 1977.

Elten, Josef van. Pro hominibus constitutus – Katalog einer Gedenkausstellung für Josef Kardinal Frings. Köln 1987.

Erdmann, Karl Dietrich. Das Ende des Reiches und die Neubildung deutscher Staaten. 8. Aufl. München 1993.

Feldkamp, Michael F. (Hrsg.). Die Beziehungen der Bundesrepublik Deutschland zum Heiligen Stuhl 1949–1966. Aus den Vatikanakten des Auswärtigen Amtes. Köln-Weimar-Wien 2000.

Feldkamp, Michael F. Pius XII. und Deutschland. Göttingen 2000.

Ganzer, Klaus u. Schmitz, Heribert. Motuproprio über die Aufgaben der Legaten des römischen Papstes. Trier 1970.

Gelber, H. G. Der Morgenthau-Plan, in: Vierteljahreshefte für Zeitgeschichte, 13. Jhg., S. 372–402. Stuttgart 1965.

Gimbel, John. Amerikanische Besatzungspolitik in Deutschland 1945–1949. Frankfurt a. M. 1968.

Grün, Karl. Private Erinnerungen an Ivo Zeiger, Jesuitenpater aus Mömbris, in: Unser Kahlgrund, 44. Bd., S. 201-207. Alzenau 1999.

Hehl, Ulrich von / Kronenberg, Friedrich. Zeitzeichen – 150 Jahre Deutsche Katholikentage 1848–1998. Paderborn-München-Wien-Zürich 1999.

Herbrich, E. Alois Kardinal Muench – Ein Lebensbild. Königstein i. Ts. 1969.

Hillenbrand, Karl SJ. Merkbuch für P. Rektor – Aus den Aufzeichnungen von P. Ivo Zeiger SJ., in: Korrespondenzblatt (Sonderdruck). Rom 1978.

Hillig, Franz SJ. Priester in heutiger Zeit, in: Festschrift Mömbris, S. 6–9. Mömbris 1977.

Hürten, Heinz. Die Amerikaner in Eichstätt, in: Land und Reich – Stamm und Nation Festgabe für Max Spindler, Bd. III. München 1984.

Hull, Cordell. Memoirs (2 Bde.). New York 1948.

Institut für Besatzungsfragen Tübingen. Das DP-Problem. Tübingen 1950.

Katholische Pfarrei St. Peter u. Paul, Kronberg. Pfarrchronik Bd. I, 1900–1953. Kronberg i. Ts. o. J.

Kern, Eduard. Das Reichskonkordat, in: Deutsches Verwaltungsblatt 1954, S. 449–451. Detmold-Köln-Berlin 1954.

Kern, Hubert. 40. Todestag von Pater Ivo Zeiger, in: Unser Kahlgrund, 38. Bd., S. 101–104. Alzenau 1993.

Kimminich, Otto. Das Recht auf die Heimat – ein universelles Menschenrecht. Bonn 1996.

Klein, Friedrich. Neues Deutsches Verfassungsrecht. Frankfurt a. M. 1949.

Köttnitz-Porsch, Bettina. Novemberrevolution und Räteherrschaft 1918/19 in Würzburg. Würzburg 1985.

Krieger, Wolfgang. General Lucius D. Clay und die amerikanische Deutschlandpolitik 1945–1949. Stuttgart 1987.

Lang, Jochen von. Der Adjutant – Karl Wolff: Der Mann zwischen Hitler und Himmler. München-Berlin 1985.

Lehnert, Pascalina. Ich durfte ihm dienen: Erinnerungen an Papst Pius XII. 3. Aufl. Würzburg 1983.

Löser, Werner SJ. St. Georgen 1926–1951. Frankfurt a. M. 2001.

Menger, Christian-Friedrich. Deutsche Verfassungsgeschichte der Neuzeit. 8. Aufl. Heidelberg 1993.

Muench, Aloisius J. Bilanz einer Nuntiatur (übersetzt und kommentiert von Ludwig Volk SJ.), in: StiZ, 195. Bd., S. 147–158. Freiburg i. Brsg. 1977.

Müller, Josef. Bis zur letzten Konsequenz – ein Leben für Frieden und Freiheit. München 1975.

Nawratil, Heinz. Schwarzbuch der Vertreibung 1945 bis 1948. Das letzte Kapitel unbewältigter Vergangenheit. 9. Aufl. München 2001.

Nix, Claire (Hrsg.). Heinrich Brüning – Briefe und Gespräche 1934–1945. Stuttgart 1974.

Peters, Hans. Die Gegenwartslage des Staatskirchenrechts, in: Veröffentlichungen der Vereinigung der Deutschen Staatsrechtslehrer, Heft 11, S. 177–211. Berlin 1954.

Pünder, Hermann. Von Preußen nach Europa. Stuttgart 1968.

Reichling, Gerhard. Die Heimatvertriebenen im Spiegel der Statistik. Berlin 1958.

Reusch, Ulrich. Der Vatikan und die deutsche Kapitulation, in: Die Kapitulation von 1945 und der Neubeginn in Deutschland, hrsg. von Winfried Bekker. Köln-Wien 1987.

Ruhl, Klaus-Jörg. Die Besatzer und die Deutschen. Amerikanische Zone 1945–1948. Düsseldorf 1980.

Schatz, Klaus SJ. Geschichte des Bistums Limburg. Mainz 1983.

Schatz, Klaus SJ. Zwischen Säkularisation und Zweitem Vatikanum – Der Weg des deutschen Katholizismus im 19. und 20. Jahrhundert. Frankfurt a. M. 1986.

Scheuner, Ulrich. Die staatsrechtliche Kontinuität in Deutschland, in: Deutsches Verwaltungsblatt 1950 S. 481–485 und S. 514–516. Detmold-Köln-Berlin 1950.

Schlange-Schöningen, Hans. (Hrsg.) Im Schatten des Hungers, Dokumentarisches zur Ernährungspolitik und Ernährungswirtschaft in den Jahren 1945–1949. Hamburg und Berlin 1955.

Schröcker, –. Die Wiederanwendung der Vorkriegsverträge nach dem Grundgesetz, in: Deutsches Verwaltungsblatt 1954, S. 486–491 und S. 525–528. Detmold – Köln – Berlin 1954.

Schuller, Franz. Das grundsätzliche Verhältnis von Staat und Kirche nach dem Reichskonkordat vom 20. Juli 1933, in: Archiv für katholisches Kirchenrecht 128. Bd., S. 13–79. Mainz 1957.

Statistisches Bundesamt. Die deutschen Vertreibungsverluste. Wiesbaden 1958.

Stolper, Gustav. Die deutsche Wirklichkeit. Hamburg 1949.

Sträter, Paul SJ. Pater Ivo Zeiger, in: Mitteilungen der deutschen Provinzen SJ. Nr. 115, S. 317–353. Köln 1955.

Utz, Arthur-Fridolin OP / Groner, Josef-Fulko OP. Aufbau und Entfaltung des gesellschaftlichen Lebens – Soziale Summe Pius XII. Freiburg (Schweiz) 1962.

Volk, Ludwig SJ. Der Heilige Stuhl und Deutschland 1945–1949, in: Kirche und Katholizismus 1945–1949, hrsg. von Anton Rauscher. München-Paderborn-Wien 1977.

Volk, Ludwig SJ. Zwischen Ursprung und Ferne, in: Festschrift Mömbris, S. 30–40. Mömbris 1977.

Volk, Ludwig SJ. Zeiger, Ivo – Profesor, superior, enviado del Vaticano, in: Dictionario historico de la Compania de Jesus – biografico-tematico, hrsg. von Charles E. O'Neill. Rom-Madrid 2001, Sp. 4073 f.

Weizsäcker, Ernst von. Erinnerungen. München-Leipzig-Freiburg i. Brsg. 1950.

Wittstadt, Klaus. Julius Kardinal Döpfner – Anwalt Gottes und der Menschen. München 2001.

Wüstenberg, Bruno. Das Schicksal der Kriegsgefangenen, in: Rheinischer Merkur Nr. 15, 1949, S. 14. Koblenz 1949.

Wüstenberg, Bruno und Zabkav, Josef. Der Papst an die Deutschen. Frankfurt a. M. 1957.

Zayas, Alfred Maurice de. Die Anglo-Amerikaner und die Vertreibung der Deutschen, 10. Aufl. Berlin 1999.

Zeiger, Ivo SJ. Römisches Recht – Germanisches Recht, in: StiZ, 125. Bd., S. 379–387. Freiburg i. Brsg. 1933.

Zeiger, Ivo SJ. Verrechtlichung der Kirche, in: StiZ, 129. Bd., S. 38–46. Freiburg i. Brsg. 1935.

Zeiger, Ivo SJ. Historia iuris canonici I, De historia fontium et scientiae iuris canonici. Rom 1939.

Zeiger, Ivo SJ. Historia iuris canonici II, De historia institutorum canonicorum. Rom 1940.

Zeiger, Ivo SJ. Kulturwende und katholische Weltauffassung. Frankfurt a. M. 1946.

Zeiger, Ivo SJ. Die religiös-sittliche Lage und die Aufgabe der deutschen Katholiken, in: Der Christ in der Not der Zeit. Der 72. Deutsche Katholikentag, S. 24–39. Paderborn 1949.

Zeiger, Ivo SJ. Um die Zukunft der katholischen Kirche in Deutschland, in: StiZ, 141. Bd., S. 241–252. Freiburg i. Brsg. 1948.

Zeiger, Ivo SJ. Die Jugend unserer Kirche, In: StiZ, 142. Bd., S. 241–252. Freiburg i. Brsg. 1948.

Zeiger, Ivo SJ. Das Bonner Verfassungswerk, in: StiZ, 145. Bd., S. 161–171. Freiburg i. Brsg. 1949.

Zeiger, Ivo SJ. Das ostzonale Verfassungswerk, in: StiZ, 145. Bd., S. 451–458. Freiburg i. Brsg. 1949.

Zeiger, Ivo SJ. Kirchliche Zwischenbilanz 1945 – Bericht über die Informationsreise durch Deutschland und Österreich im Herbst 1945, in: StiZ, 193. Bd., S. 293–312. Freiburg 1975.

Zeiger, Ivo SJ. Sein Leben von ihm selbst erzählt, in: Festschrift Mömbris, S. 3–5. Mömbris 1977.

Zeiger, Ivo SJ. Aus meinen Briefen an das Kolleg 1946–1950, in: Korrespondenzblatt, 84. Jhg., S. 101–105. Rom 1977.

Zitierweisen

Festschrift Mömbris = Von der Marktgemeinde Mömbris und der dortigen Pfarrei St. Cyriakus im Selbstverlag herausgegebene Gedenkschrift aus Anlaß der 25. Wiederkehr des Todestages von Ivo Zeiger SJ, Mömbris 1977.

Korrespondenzblatt = (deutschsprachiges) Mitteilungsblatt des Collegium Germanicum et Hungaricum, Rom.

StiZ = Stimmen der Zeit, Monatsschrift für das Geistesleben der Gegenwart, Freiburg i. Brsg.

Personenregister

Adenauer, Konrad 38, 58, 70, 97, 134
Attlee, Clement Richard 11, 134

Barlea, Oktavian 42, 100
Baruch, Bernard M 119
Bertke, Stanley J. 41
Bertram, Adolf 14
Bonhoeffer, Dietrich 65
Brini, Mario 17, 126
Bruehl, Charles 45
Brzezinski, Max M. D. 21
Buettner, Albert 96

Canaris, Wilhelm 65
Carroll, Walter 15, 17, 21, 125
Chiarlo, Carlo 19, 23, 28 f., 42 f., 67, 126
Churchill, Winston 76, 133
Cicognani, Amleto Giovanni 27, 48, 49
Clay, Lucius D. 30 ff., 57 f., 77, 80
Colli, Carlo 43, 105, 126

Delp, Alfred 113
Deubel, Robert 43 f.
Döpfner, Julius 57, 64
Dohnanyi, Hans von 65
Douglas, Lewis 79

Eisenhower, Dwight D. 11, 21 ff., 30, 126
Erdmann, Karl Dietrich 84
Erhard, Ludwig 54

Faulhaber, Michael von 18, 60, 126
Fischer, Adelheid 58 f.
Fischer, Ivo 60, 65
Frings, Josef 18, 26, 54, 83, 97, 126

Galen, Clemens August von 26, 126
Gawlina, Joseph 21, 23 ff.
Giovannetti, Alberto 16, 19, 27, 41 ff., 100, 126
Gumbert, Friedburga 43
Grosch, Eberhard 24

Hack, Bernhard 42 f., 83, 105, 127
Hauser, Fred D. 91
Heuss, Theodor 39, 51, 56, 126

Jackson, Robert H. 78, 117
Johannes XXIII. 55, 57, 87

Käfer, Katharina 43
Kempf, Dr. Wilhelm 104 f.
Krammy, Nikolaus 42
Kindermann, Adolf 95
Kraus, Therese 44, 45, 48

Lehnert, Pascalina 86
Leiber, Robert 28, 65, 86, 105, 109, 131
Lima, de Ottavio 41
Lüninck, Hermann von 79

Nellen, James W. 91

Maritain, Jacque 78
Marshall, George Catlett 83
McCloy, John 58
McNicholas, John 41
Messner, Sebastian 46
Montini, Giovanni Battista 27, 103, 105
Morgenthau, Henry 15, 76, 133

Müller, Josef 65
Muench, Alois 26 f., 29 ff., 37 ff., 44 ff., 67 f., 74 f., 78, 88 ff., 94 f, 97 ff., 126 ff.
Muench, Josef 44, 48
Murphy, Robert D. 31 f.

Orsenigo, Cesare 13, 42, 125, 127
Oxnam, Bramley G. 29

Pacelli, Eugenio (→ Pius XII.)
Panuch, J. Anthony 57
Patterson, Robert B. 30, 127
Pius XII. 12, 15, 17, 25 ff., 29, 36, 47, 51 ff., 85, 88, 93, 103, 125 f.
Preysing, Konrad von 26, 126
Pünder, Hermann 25

Riberi, Antonio 66
Rieger, Caecilia 43
Roosevelt, Franklin D. 76, 133
Rossi, Opilo 41 ff.

Roncalli, Angelo Giuseppe
   (→ Johannes XXIII.)

Schmid, Carlo 35, 134
Schwert, Genovefa 43
Simson, Henry L. 76
Smith, Bedell 24
Smith, Howard 41
Stalin, Josef Wissarionowitsch 11, 134
Stritch, Samuel A. 26, 47, 126

Tardini, Domenico 105
Tierney, Richard H. 47

Titz, Erika 43 f.
Towle, Raymond J. 103
Truman, Harry S. 11, 30 f., 101, 128, 134

Wazny, Martin 42
Weizsäcker, Ernst von 66
Wolff, Karl 66
Wüstenberg, Bruno 87

Zeiger, Ivo 17 f., 21, 27 ff., 35, 40, 52, 58 ff., 86, 95 ff., 100, 105, 109, 126 ff., 131
Zeiger, Karl 58 f.

Dank an die Helfer

Den nachfolgend aufgeführten Personen schulde ich besonderen Dank für die Hilfe bei der Suche nach Urkunden; Büchern und Bildern:

Elisabeth Bauer, Archiv der Marktgemeinde Mömbris (Ufr.)
Josef van Elten, Historisches Archiv des Erzbistums Köln.
Jutta von Essen, Dom- und Diözesanarchiv Mainz
Annemarie Fahimi, Stadt- und Universitätsbibliothek Frankfurt a. M.
Beate Großmann-Hofmann, Archiv der Stadt Königstein i. Ts.
Gertrud Grün, Mömbris (Ufr.)
Dr. Rita Haub, Archivum Monacense Societatis Jesu
Dr. Karl Hummel, Kommission für Zeitgeschichte der Deutschen Bischofskonferenz
Susanna Kauffels, Archiv der Stadt Kronberg i. Ts.
Dr. Bruno Lengenfelder, Diözesanarchiv Eichstätt
Tobias Picard, Institut für Stadtgeschichte Frankfurt a. M.
Martina Wagner, Diözesanarchiv Limburg a. d. L.
Ingrid Rack, Stadtarchiv Würzburg
Herrn Prof Walter Söhnlein, Bad Homburg v.d.H., und meiner Tochter, Frau Dr. med. Beatrix Alsheimer, bin ich für wertvolle Hinweise sowie für die sorgfältige Korrektur des Manuskripts und der Druckfahnen dankbar verbunden.

Abbildungsnachweis

Apostolische Nuntiatur in Deutschland: S. 38
Archiv der Erzdiözese München und Freising: S. 18
Diözesanarchiv Eichstätt: S. 13, 14
Eberhard Grosch, Kronberg: S. 23
Gertrud Grün, Mömbris: S. 59, 61, 67, 108
Ivo Fischer, Mömbris: S 65
Historisches Bildarchiv Dr. Paul Wolff und Tritschler, Offenburg: S. 55, 106, 111
Institut für Stadtgeschichte, Frankfurt a. M.: S. 12, 22, 25, 92
Hubert Käfer, Kronberg: S. 31, 45, 48, 49, 57, 89
Pfarrei St. Peter und Paul, Kronberg: S. 42, 43, 68, 100
Presse- und Informationsamt der Bundesregierung: S. 40, 56, 86
Stadtarchiv Königstein i. Ts.: S. 97
Stadtarchiv Würzburg: S. 16

Über den Autor

Herbert Alsheimer, geb. 1931 in Frankfurt a. M., Studium der Wirtschaftswissenschaften an der Johann Wolfgang Goethe-Universität zu Frankfurt a. M., Dr. rer. pol., 1966 Direktor der Staatlichen Höheren Wirtschaftsfachschule in Frankfurt a. M., 1970 Gründungsdekan des Fachbereichs Wirtschaft der Fachhochschule Frankfurt a. M., Professor für betriebswirtschaftliche Steuerlehre und Wirtschaftsprüfung, zahlreiche Veröffentlichungen zu steuer- und bilanzrechtlichen und wirtschaftspolitischen Fragen, Dozent der Bank-Akademie, Frankfurt a. M., Familiare des Deutschen Ordens.